王河 ◎ 编

中华家书

图书在版编目（CIP）数据

中华家书／王河编．－－南昌：江西人民出版社，2012.4（2025.3重印）
ISBN 978－7－210－04908－1

Ⅰ．①中… Ⅱ．①王… Ⅲ．①书信集－中国－现代 ②书信集－中国－当代 Ⅳ．①I266.5

中国版本图书馆CIP数据核字（2011）第169837号

中华家书
ZHONGHUA JIASHU

王河　编

策 划 编 辑：杨　帆
责 任 编 辑：张志刚　吴丽红
封 面 设 计：游　珑

江西人民出版社　出版发行
Jiangxi People's Publishing House
全国百佳出版社

地　　　　址：江西省南昌市三经路47号附1号（邮编：330006）
网　　　　址：www.jxpph.com
电 子 邮 箱：jxpph@tom.com　web@jxpph.com
编辑部电话：0791-86898873
发行部电话：0791-86898815
承　印　厂：南昌市红星印刷有限公司
经　　　　销：各地新华书店
开　　　　本：787毫米×1092毫米　1/16
印　　　　张：10
字　　　　数：120千字
版　　　　次：2012年4月第1版
印　　　　次：2025年3月第5次印刷
书　　　　号：ISBN 978-7-210-04908-1
定　　　　价：25.00元
赣版权登字-01-2011-244

――――――――――――――――――――――――――――――――

版权所有　侵权必究
赣人版图书凡属印刷、装订错误，请随时与江西人民出版社联系调换。
服务电话：0791-86898820

敬启：
因本书部分作品的现著作权拥有者不详，故我们未能与其取得联系，在此谨致歉意。敬请相关著作权人及时与我们联系，我们将按国家有关规定支付稿酬并赠送样书。

# 前言

好家风,是一个家庭的精神风尚,是传统美德的现代传承,是立身做人的行为条件,是社会和谐的人文基础。家风好,民风才淳、社风才正。好家风对培养人才、形成良好风气、凝聚发展正能量都会产生深远的影响。而家书在传承、弘扬优良家风上曾经发挥过巨大的作用,一份家书佳作,不仅维系着家庭成员之间的情感,还对收信者的人生观、价值观和世界观起着教育、引导和警示作用。

王河所编的《中华家书》,向读者展示、点评、赏析了包括黄兴、闻一多、任弼时、毛泽东、刘少奇等30余位先辈与家人,特别是与父母和子女之间的通信,书信的字里行间高扬着爱国之情、报国之志,家事、国事、天下事糅于一纸,修身、齐家、治国、平天下汇于一

炉。家书文字情烈志坚、掷地有声,字字有千钧之力,篇篇洋溢着炽热的激情和视死如归的精神,展现了书写者崇高的思想境界。

《中华家书》中,表亲子之情时,充分表现了长辈对儿女之殷殷期望和谆谆教诲的拳拳深情;道忠孝之情时,道出了"为尽大孝于天下无数万人之父母而牺牲一切"的崇高之情;写相爱之情时,写得情真意切。书中收入的30多封书信,字数多的将个人几十年的风风雨雨展现笔底,把探索救国治民的道路和寻求先进思想武器的坦诚心迹汩汩倾泻于读者的面前;字数少的铿锵有力,慷慨激昂,言虽简约,其所包蕴的丰富历史内涵却是余韵不尽。这些书信,字字饱含着真挚的拳拳赤子之心,件件闪耀着追求真理路上的探索之光,成为千古流芳的作品。

《中华家书》所选书信都共有一个特点——将亲情之爱,升华为对整个民族和人民之爱,这与时代倡导的只有"兴家风",才能"淳民风、正社风"的理念高度契合,充分践行了社会主义核心价值观,弘扬了中华民族传统家庭美德。我们希望本书内容对读者了解和继承优良家风起到促进作用,让良好的家风在中华民族伟大复兴过程中体现其应有的时代价值。

目录

1	梁启超	致梁思庄
4	黄 兴	示黄一欧书
7	谢觉哉	给谢群英等的信
13	林觉民	与妻书
18	杜斌丞	致高建白
21	杨 杰	给儿子的信
24	郭沫若	致父母亲
29	毛泽东	给毛岸英、毛岸青的信
33	毛泽东	给杨开智的信
35	毛泽东	给李讷的信
38	向警予	给父母的信
41	刘伯坚	就义前给兄嫂的遗书
45	黄竞西	狱中给楚云妻的信
49	王若飞	给铭兄的信
54	叶剑英	给叶楚梅的信
58	老 舍	致胡絜青
62	刘少奇	给刘允若的信
70	丰子恺	给我的孩子们
76	闻一多	致父母亲
81	闻一多	致母亲
84	冰 心	致父亲
93	冰 心	致母亲

100	石评梅	寄给黄泉路上的高君宇
109	陈　觉	就义前给妻子的遗书
113	谢晋元	给父母亲的信
116	任弼时	给任思度的信
120	丁　玲	致母亲
124	赵一曼	就义前给儿子的遗书
126	沈志昂	给妻子的信
133	赵云霄	给女儿的遗书
136	傅　雷	给傅聪的信
141	何功伟	给父亲的遗书
146	江竹筠	狱中给谭竹安的信
150	毛岸英	给向三立同志的信

梁启超

梁启超(1873—1929),字卓如,号任公,又号饮冰室主人,广东新会人。近代资产阶级改良主义者,著名学者。清末曾与康有为倡导新法,积极参与百日维新,失败后逃亡日本。曾编辑《清议报》《新民丛报》。先后出任过袁世凯政府的司法总长,段祺瑞政府的财政总长。曾大力介绍西方资产阶级社会政治经济学说,在文学方面提倡"诗界革命"和"小说界革命",在当时有极大影响。1929年1月19日因病逝世。一生留下多种著述,广涉政治、经济、教育、哲学、文学等方面。有《饮冰室合集》等。

> 凡学问最好是因自己性之所近,往往事半功倍。

致梁思庄

庄庄[①]:

听见你二哥说你不大喜欢学生物学,既已如此,为什么不早同我说。凡学问最好是因自己性之所近,往往事半功倍。你离开我很久,你的思想近来发展方向我不知道,我所推荐的学科[②]未必合你的式,你应该自己体察做主,用姊姊、哥哥当顾问,不必泥定爹爹的话,但是新学期若已经选定生物学,当然也不好再变,只得勉强努力而已,我很怕因为我的话扰乱了你治学针路,所以赶紧寄这封信。

八月五日③爹爹

注 释

①庄庄:梁思庄(1908—1986),梁启超的女儿。图书馆学家。早年在加拿大、美国读书。1931年回国,投身我国图书馆事业。中华人民共和国成立后,任北京大学图书馆副馆长、中国图书馆学会副理事长等职。1986年5月20日病逝。

②梁启超在1927年8月29日信中,希望梁思庄学生物学。

③从信中内容看此信可能写于1928年8月5日。

赏 析

梁启超是中国近代史风云际会的政治人物,也是一位著述等身的学问家,一生写下1400余万字的著作,为中华民族的文化宝库留下一笔丰硕遗产。他的9个子女,虽然不像他那样有着显赫的名声,但人人成材,各有所长,均成为各个领域的专家,而且都有一颗爱国之心。这和梁启超严格而又灵活的家庭教育是分不开的。从1923年到1929年梁启超去世止,他共有5个子女在海外读书,对于他们,梁启超倾注了大量的心血,写了许多书信来传递沟通两代人的情谊。其中梁思庄是在国外读书5个子女中年龄最小的一个,对于她,梁启超格外惦念与关心,经常写信,给予开导。其中一封信这样写道,"小宝贝庄庄:我想你的很,所以我把这得意之作裱成这玲珑小巧的精美手卷寄给你。你姊姊呢,她老成了,不会抢你的,你却要提防你那两位淘气的哥哥,他们会气不忿呢,万一用起杜工部那'剪取吴淞半江水'的手段来却糟了。小乖乖,你赶紧收好吧"。在这幽默风趣的话语中,我们可以看出,梁启超对这位16岁就在海外读书的小女儿的格外疼怜。

我们选录的这封给梁思庄的家书,登载于梁思庄女儿吴荔明写的《梁启超和他的儿女们》一文中,曾发表在《民国春秋》,在当时是一封首次面世的珍贵家书。其时梁思庄入大学二年,正面临着如何选择专业的问题。梁启超希望她选择生物学,因为现代生物学在当时的中国几乎还是空白。他在另外一封给梁思庄的信中曾说:"我很想你以生物学为主科,因为它是现代最进步的自然科学,而且为哲学社会学之主要基础,极有趣而不须粗重的工作,于女子极为合宜,学回来后本国的生物随在可以采集试验,容易有新发明。截到今日止,中国女子还没有人学这门(男子也很少),你来做个'先登者'不好吗?还有一样,因为这门学问与一切人文科学有密切关系,你学成回来可以做爹爹一个大帮手,我将来许多著作,还要请你做顾问哩!"

可以说,梁启超这种想法是极有远见的,然而梁思庄对这门学科始终没有兴趣,但又不能不遵循父亲的教导。她把这个苦恼告诉了二哥梁思成。当梁启超得知后,赶忙写了这封信劝说女儿,不必泥定爹爹的话,在治学道路上,主要靠自己体察做主。信中反映出梁启超一贯的教育观点:"凡学问最好是因自己性之所近,往往事半功倍。"这就是梁启超所称的趣味教育法。他在《学问之趣味》中说:"凡人常常生活于趣味之中,生活才有价值,若哭丧着脸挨过几十年,那么生命便成为沙漠,要来何用?"

事实也证明梁启超的观点是正确的。梁思庄接到父亲来信后,便改学图书馆学,考入了美国著名的哥伦比亚大学图书馆学院。1931年学成回国后,一生致力于图书馆西文编目工作,呕心沥血地为中国图书馆事业工作了50余年,成为全国首屈一指的西文编目专家。

黄 兴

黄兴(1874—1916),原名轸,字廑午,后改名兴,字克强,湖南善化(今长沙)人。中国民主革命家。1902年赴日本留学,与杨笃生等创办《游学译编》。次年参加拒俄义勇队(旋改名军国民教育会)。1905年与孙中山筹划成立中国同盟会。1907年参加和指挥钦州、防城起义,镇南关(今友谊关)起义,云南河口起义和广州新军起义。1911年与赵声领导广州起义（黄花岗之役）,率领敢死队进攻总督署。武昌起义后,任革命军总司令,后被推为副元帅。1912年任南京临时政府陆军总长,次年任讨袁军总司令。1916年10月31日在上海病逝。

努力杀贼！

示黄一欧书①

努力杀贼！一欧爱儿。

父字　十月初一日②

注释

①黄一欧(1892—1981):黄兴长子。14岁加入中国同盟会。曾参加广州新军起义和黄花岗起义。辛亥革命后,任沪军先锋队副司令,后参加讨袁运动和北伐战争。1949年积极参与湖南和平解放运动。中华人民共和国成立后,任全国政协委员、政协副主席等职。

②十月初一日:公元1911年11月21日。

赏析

近代民主革命家黄兴写给黄一欧的这封信,是我们选录的家书中最短的一封。信中的内容只有慷慨激昂的八个字——"努力杀贼!一欧爱儿",而所包蕴的丰富历史内涵,却是三言两语难以道尽的。

黄兴是近代史上震惊中外的广州黄花岗之役的主要组织者和参加者。在这次"碧血横飞,浩气四塞,草木为之含悲,风云因而变色"的战役中,有七十二位革命党人英勇牺牲。黄兴在这次战役中伤断二指。起事前,黄兴已抱着必死的决心。他在给邓泽如的《绝笔书》中说:"本日即亲赴阵地,誓身先士卒,努力杀贼,不敢有负诸贤士之期望。"在《致梅培臣等书》中也说:"本日驰赴阵地,誓身先士卒,努力杀贼。书此以当绝笔。"因此,"努力杀贼"即成为黄兴一生革命生涯的座右铭,表现了他推翻清王朝,献身革命的赤诚和决心。

黄一欧是黄兴长子,早在学生时代就随父参加推翻清王朝的革命。1911年10月武昌起义爆发后,黄兴由香港赶赴武汉前线,任民军战时总司令,领导了24天之久的汉阳保卫战。黄一欧当时任江浙联军沪军副司令,正在进攻南京。战斗激烈之时,黄兴托张竹君带来了这封家书,以示勉励。信

中还盖有黄兴常用的一颗小章:"灭此朝食。"这封沾满战火硝烟的不寻常家书,在亲戚朋友中辗转借阅,在当时产生了很大影响。后来黄兴战友刘揆一在其撰写的《黄兴传记》中,曾将它印在首页。黄一欧也为这家书写过一段跋语:"昔先君致全力于革命时,军务纷劳,家书殊鲜;加以不肖为党国效绵薄,频年卜居无定,致先君手迹遗失殆尽,惟余此书而已。犹忆在江浙联军奉读此书,辄有中宵起舞,灭此朝食之慨!"

可见,这八字家书虽简短,但情烈志坚,掷地有声,字字有千钧之力!

谢觉哉

谢觉哉(1884—1971),字焕南,湖南宁乡人。早年参加新民学会。曾主编过《湖南通俗报》,1925年加入中国共产党,曾负责编辑《红旗》和《上海报》。先后任中共湘鄂西省委政治秘书长、《工农日报》主编等职。1933年到中央革命根据地后,任毛泽东秘书、中共工农民主政府秘书长、内务部部长。红军长征后,先后任八路军驻兰州办事处中共中央代表、中央党校副校长等职。解放战争时期,任华北人民政府司法部部长。中华人民共和国成立后,历任内务部部长、最高人民法院院长、全国政协副主席等职。

> "心怀宽大",不只是"看得开""心术好",而且要经常抱着为"别人好"的心思,而不能只顾自己。

给谢群英等的信

群英女儿、鲁瞻外孙并抄送鲁宜、笠仲、廉伯、子谷、冰茹、耘平[①]:

不久前看到冰茹、鲁宜、笠仲、廉伯、子谷、耘平、群英、鲁瞻,只冰茹、子谷较健康,其余身体都不大好。本来将近六十岁的人,出老相是常事,但注意得好,活到七八十岁甚至更多,身子还健康,是可能的。三四十岁的人有点养身病也是常事,但把它治好,并不很难。问题在于自己会调养。

讲点故事:我母亲(群英的祖母)生我们兄弟姊妹九个,有两位很小就死了(三弟三岁,九姊大概不到十岁),其他几位都是二十多岁死的,只你四叔活到四十多岁。你祖母也因痛女儿得病只四十八岁就死了。有好几位的死我都亲侍奉过,请医求神,忙过不了,但是病人总是一天天坏下去。我很心伤,开始怀疑治法不对头。年纪大了,看过一些卫生书籍,知道人是要死的,病也是可以治好的。所谓"尽其天年",活到你不能不死的时候,还能走路做点事,完全可能。

不信吗?我现在七十七岁,比我父亲已经多活二十年,我父亲身体比我结实,又不缺乏衣食,只性情急躁一些,有些事我看了很平常,他看了就生气。你们知道的:桑树坡李曙亭四公听说活到将百岁才死,吴秀南听说活到九十多岁。这两个人的物质生活都不很好。据我记忆所及,他们都是心平气和,从不和人计较,我没见他俩生过气。

由此可见,人要身体好,医药、饮食……客观物质虽然是重要,但是最主要还是心怀宽大,精神快乐,加强自己的生命力,同时又善于与各种危害身体的东西作斗争。客观物质有时受到限制,主观的精神则是没有限制的。"心怀宽大",不只是"看得开""心术好",而且要经常抱着为"别人好"的心思,而不能只顾自己。你们都过过剥削生活,我也过过,只是比你们离开得早些。剥削生活是可耻的生活,不止害人而且害己,使得自己心肠窄狭,没有真正快乐的时候。你们事实上离开了那种生活,还要从思想上感到那种生活是可耻的,狠狠地把它摔掉,走入另外劳动生产的路,这样,精神才能得到解放。

十年前曾同一些老的同志扯谈,谈到同辈的朋友都不在了,而我们却还存在,大家认为参加革命是重要原因之一。心怀开敞,没有忧虑,只要不被敌人杀害,多活一些年月,是全有可能的。

道理是这样:人身内的生命力,时时刻刻在和危害它的敌人作斗争,一直斗争到生命终结。这个生命力的总机关是脑筋,即神经中枢。心怀宽大无忧无愁的人,他的脑筋健全,血液流动正常,因而很容易把衰弱的地方补充起来,把危害驱逐出去。那些心肠狭窄多愁多虑的人,脑神经常受到损害,其作用也就要差得多。

要做到精神舒畅,容易也并不容易。有的人虽然是革命者,但常不免为点小事如工作上挫折、个人的委屈,就埋怨起来,忧虑起来,因而就影响身体,甚至害起病来。

二十年前我患过高血压症,医生认为快六十岁的人,只能维持现状,不可能使之低下去。我听了不以为然。自己拟了几句治疗的话,写在壁上:

　　吃饭莫饱,走路莫跑,

　　说话要少,遇事莫恼,

　　睡觉要早,经常洗澡。

一二年以后,血压正常了。有人说:"遇事莫恼",不易做到。我说只要想想"恼"是不能解决问题的,那就不会恼了。

现在年更老了,更受不起刺激,因而我总是力求避免刺激的事。遇有使人兴奋或忧虑的事马上静下来,不急不躁,心平气和,可以保身体也可以解决事情。气功治疗,是使脑筋静下来,得了休息，因而能加强本身生命力的抗病作用，道理就是如此。鲁瞻习气功，只要经常、认真，疗效可能是百分之百的。我看你们都可以做，这是不花钱不费时间的医疗方法，年轻人可以做，年纪大的、有病的，更需要做。

我所要讲的主要是这些。

吃得好些，是重要的。这在你们并不生疏。但如果办不到，尤其在荒年，那就不要把希望放在这上面。

医药不要乱用，最好要知道药性。我知道一点中药道理，是在自己害病中学到的。

适当劳动，适当休息，注意一些卫生常识，都很重要。

姜忠②调工作的问题，我不知道可不可调，如果可调，姜忠可以自己请求，如不可调，那旁人说也是空的。不要认为地位高的人可以说情，这是旧社会的习气，早已经不作兴了。要向媳妇说明：凡事都可以习惯的，吃麦子、高粱、包谷的地方多，那里的人都长得结实高胖，甚至比吃大米的人还好。怕什么！我是吃大米长大的，现在什么都吃，从来没有吃不惯的事。你媳妇如果把这件事对人讲，怕也有点不好意思。

群英没有目只有耳，建议鲁瞻、罗淑和、良栋③，每天念一回报。一天每人大约念二十分钟，合约一点钟光景。念的人有好处，念比看要了解深，听的人有好处，可以开开脑子，心境跟着也快活了。

我这回到福建住了一个多月，又到南昌、杭州、上海，最近才回京。身子是老了，但没有甚病，我是不要你们操心的。

好久想写封信，总没有写。老了，连使熟了的笔，也难得使了。

愿

你们大家都好。

觉哉

三月廿九日④

注释

①"群英"句：群英，即谢群英，谢觉哉的女儿。鲁瞻，即姜鲁瞻，谢觉哉的外孙。鲁宜，即谢鲁宜，谢觉哉的弟弟。笠仲，即谢笠仲，谢觉哉的侄子。廉伯、子谷，即谢廉伯、谢子谷，谢觉哉的儿子。冰茹，即谢冰茹，谢觉哉的女儿。耘平，即谢耘平，谢觉哉的孙女。

②姜忠：谢觉哉的外孙。

③罗淑和、良栋：罗淑和，谢觉哉的外孙媳妇。良栋，即姜良栋，谢觉哉的外孙女。

④三月廿九日：公元1960年3月29日。

赏析

谢觉哉是我党老一辈革命家，人们尊称其为"谢老"，这不仅仅因为他革命资历较深，而且年纪也较大。他于1884年出生，直至1971年逝世，享年87岁。在写此信时，他也是一位77岁的老人了。谢老如此高寿，并不得利于先天遗传。他兄弟姐妹9个，多在20多岁就死去。母亲只活了48岁，父亲也只活了57岁。他长寿的原因是什么呢？谢老这封给子孙侄子的信，谈的就是他本人的养生之道。

谢老的养生之道，并不主要是在医药、饮食等客观物质上，而主要是在精

神方面,也就是他所说的精神舒畅,心怀宽大。他把自己的养生之道总结为几句话:"吃饭莫饱,走路莫跑,说话要少,遇事莫恼,睡觉要早,经常洗澡。"其中关键还在于"遇事莫恼"。

由于谢老谈的是积几十年养生之切身体验,娓娓道来,颇为肯綮。笔调质朴无华,却言之有物,挥洒自如。信中所谈的养生之道,至今仍可以说是至理名言。

林觉民

　　林觉民(1887—1911),字意洞,号抖飞,又号天外生,福建闽县(今福州)人。中国资产阶级民主革命家,著名的黄花岗七十二烈士之一。14岁进福建高等学堂学习,后留学日本,学习文学和哲学,并从事民主革命活动,参加孙中山先生组织的同盟会。1911年奉命回国,约集福建的同盟会员参加黄花岗之役。4月27日广州起义爆发,在攻打清总督衙门时,奋勇当先,受伤被捕。在审讯中,他慷慨陈词,纵论世界大势和中国时事,宣传革命道理;临刑时谈笑自若。英勇就义时年仅25岁。

> 吾充吾爱汝之心,助天下人爱其所爱,所以敢先汝而死,不顾汝也。

与妻书

　　意映卿卿①如晤:吾今以此书与汝永别矣!吾作此书时,尚是世中一人;汝看此书时,吾已成为阴间一鬼。吾作此书,泪珠和笔墨齐下,不能竟书而欲搁笔,又恐汝不察吾衷,谓吾忍舍汝而死,谓吾不知汝之不欲吾死也，故遂忍悲为汝言之。

吾至爱汝，即此爱汝一念，使吾勇于就死也。吾自遇汝以来，常愿天下有情人都成眷属，然遍地腥云，满街狼犬，称心快意，几家能彀？司马青衫②，吾不能学太上③之忘情也。语云：仁者"老吾老，以及人之老；幼吾幼，以及人之幼"④。吾充吾爱汝之心，助天下人爱其所爱，所以敢先汝而死，不顾汝也。汝体吾此心，于啼泣之余，亦以天下人为念，当亦乐牺牲吾身与汝身之福利，为天下人谋永福也。汝其勿悲！

汝忆否？四五年前某夕，吾尝语曰："与使吾先死也，无宁汝先吾而死。"汝初闻言而怒，后经吾婉解，虽不谓吾言为是，而亦无辞相答。吾之意，盖谓以汝之弱，必不能禁失吾之悲；吾先死留苦与汝，吾心不忍，故宁请汝先死，吾担悲也。嗟夫！谁知吾率先汝而死乎？

吾真真不能忘汝也！回忆后街之屋，入门穿廊，过前后厅，又三四折有小厅，厅旁一室，为吾与汝双栖之所。初婚三四个月，适冬之望日⑤前后，窗外疏梅筛月影，依稀掩映。吾与汝并肩携手，低低切切，何事不语？何情不诉？及今思之，空余泪痕。又回忆六七年前，吾之逃家复归也，汝泣告我："望今后有远行，必以告妾，妾愿随君行。"吾亦既许汝矣。前十余日回家，即欲乘便以此行之事语汝，及与汝相对，又不能启口。且以汝之有身也，更恐不胜悲，故惟日日呼酒买醉。嗟夫！当时余之心悲，盖不能以寸管⑥形容之。

吾诚愿与汝相守以死，第以今日事势观之，天灾可以死，盗贼可以死，瓜分之日可以死，奸官污吏虐民可以死。吾辈处今日之中国，国中无地无时不可以死，到那时使吾眼睁睁看汝死，或使汝眼睁睁看吾死，吾能之乎？抑汝能之乎？即可不死，而离散不相见，徒使两地眼成穿而骨化石⁷,试问古来几曾见破镜能重圆?则较死为苦也,将奈之何?今日吾与汝幸双健。天下人之不当死而死与不愿离而离者,不可数计,钟情如我辈者,能忍之乎?此吾所以敢率性就死而不顾汝也。吾今死无余憾,国事成不成,自有同志者在。依新⁸已五岁,转眼成人,汝其善抚之,使之肖我。汝腹中之物,吾疑其女也。女必像汝,吾心甚慰;或又是男,则亦教其以父志为志,则我死后,尚有二意洞在也。甚幸!甚幸!吾家后日当甚贫,贫无所苦,清静过日而已。

吾今与汝无言矣!吾居九泉之下,遥闻汝哭声,当哭相和也。吾平日不信有鬼,今则又望其真有。今人又言心电感应有道,吾亦望其言是实,则吾之死,吾灵尚依依傍汝也。汝不必以无侣悲。

吾平生未尝以吾所志语汝,是吾不是处,然语之又恐汝日日为吾担忧。吾牺牲百死而不辞,而使汝担忧,的的非吾所忍。吾爱汝至,所以为汝谋者惟恐未尽。汝幸而偶我,又何不幸而生今日之中国!吾幸而得汝,又何不幸而生今日之中国!卒不忍独善其身。嗟夫!巾短情长⁹,所未尽者,尚有万千,汝可以模拟得之。吾今不能见汝矣!汝不能舍吾,其时时于梦中得我乎?一恸!

辛亥三月廿六⑩夜四鼓,意洞手书。

家中诸母⑪皆通文,有不解处,望请其指教,当尽吾意为幸。

注释

①意映卿卿:意映,林觉民夫人名陈意映,卿卿,对妻子爱称。
②司马青衫:唐朝诗人白居易曾任江州司马,写过长诗《琵琶行》,叙述

其在浔阳江头,听一名商妇弹琵琶,倾诉不幸遭遇,引起同感,不觉泪湿青衫。

③太上:指道德修养达到了至高忘我境界的圣人。

④语出《孟子·梁惠王上》,意为尊敬自家老人,从而也尊敬别人的老人,爱护自己的儿女,从而也爱护别人的儿女。

⑤望日:阴历每月十五日称望日。

⑥寸管:指毛笔。

⑦骨化石:传说古代一位妇女盼望丈夫归来,每日登山远望,久之,化为石头,又称"望夫石"。

⑧依新:林觉民的长子。

⑨巾短情长:此信是写在手帕上的。

⑩辛亥三月廿六:公元1911年4月24日。

⑪诸母:伯母,叔母。

赏析

这是林觉民在1911年4月27日广州起义前夕写给妻子陈意映的绝笔书。这封信是写在一块方形白色丝绸手帕上的。写绝笔书的第三天作者便参加了广州起义。在战斗中不幸中弹受伤,力尽被捕,最后壮烈牺牲。他的行动实践了他信中的誓言。他是中国人民最先醒者之一,也是一位勇于向封建势力斗争的战士。

这封信告诉了我们个人幸福和人民大众的关系:没有革命的胜利,就没有人民的幸福。作者舍弃了温暖的家庭,亲爱的妻儿,甚至自己宝贵的生命,这是为了大众的幸福。他在倾吐对妻子爱情的同时,也表现了对祖国、对人民热爱的深情。虽然儿女情长,却不掩英雄气壮。信中洋洋洒洒千余字,把为国捐躯的激情同对妻子的情爱融为一体,把夫妻感情与革命大义结合在一起。他要牺牲一己为天下求福,他希望妻子也能明白这个道理,要"以天下人为念,当亦乐牺牲吾身与汝身之福利,为天下人谋永福也"。这就是他勇于牺牲自己一切的动力,也是伟大的爱国主义的具体表现。

作者临难陈词,强烈的爱国爱家爱妻之感情从肺腑中汹涌而出,非常自然地综合运用了抒情、记叙、议论交织的表达方式,既抒了革命之情,又说了革命之理,有巨大的说服力和感人的力量,写得声情激越,慷慨悲壮,读之荡气回肠,是一封革命党人高尚感人的家书。

杜斌丞

杜斌丞(1888—1947),原名丕功,陕西米脂人。早年从北京高等师范学校毕业后,曾任榆林中学校长,从事教育工作。1936年西安事变期间,任国民党第十七路军杨虎城部高级参议和陕西省政府秘书长。全国性抗战时期,先后在成都、重庆、昆明、西安等地参加抗日救国民主运动。1940年辞去国民党政府的一切职务。后加入民盟,历任民盟西北总支部主任委员和民盟中央常务委员。因反对蒋介石独裁统治,1947年3月被国民党政府逮捕,同年10月7日在西安被害。

> 彼独裁暴力,虽能夺我革命者之生命,绝不能阻挠人类历史之奔向光明,终必为民主潮流所消灭也。

致高建白

建白①弟鉴:

近日此间情况恶化,事急时迫,未知前致居恭②之函,已否转达?兄困幽数月,诸病交作,日益沉重,自思三十年来,无日不为民主而奋斗！反动诬陷，早在意中，个人死生，已置度外。彼独裁暴力，虽能夺我革命者之生命，绝不能阻挠人类历史之奔向光明，终必为民主潮流所消灭也。惟望人民共起自救，早获解放自由，则死可瞑目矣。请转告诸生至友，共同努力，以期实现合理平等之社会国家，则公理正义，自可伸张于天地之间。居恭遭遇至苦，弟应多去照料，并通知鸿模③，此时不必返陕，良民④随兄受害，令人悯痛，现在究押何处？设法营救，为要。呜呼！悲愤交集，言不尽意，吾弟知我最深，务须珍重。信及款袜，均已收到。

兄斌十月五日

注释

① 建白：高建白，杜斌丞的表弟。
② 居恭：高居恭，杜斌丞长子杜鸿渐的妻子。
③ 鸿模：指杜鸿模，杜斌丞次子。
④ 良民：指杜良民，杜斌丞多年随从，杜斌丞被害后不久，他亦被国民党杀害。

赏析

杜斌丞是著名的抗日爱国民主人士。在震惊中外的西安事变中，他是杨虎城将军部队的高级参议和陕西省政府秘书长，而后又在全国各地积极参加抗日救国的民主运动。对这样一位人物，国民党反动派当然视其为眼中钉、肉中刺。1947年3月，国民党反动派掀起了内战高潮，在重点进攻解放区的同时，又加紧了对后方民主人士的迫害。当时杜斌丞正任中国民主同盟西北总支部主任委员。3月20日，国民党反动派以"贩卖毒品"这种莫须有的罪名，将其逮捕入狱，10月7日将其杀害。这封在狱中写给表弟高建白的信，即写于被害前二天，是他临终时的最后遗言。

纵观全信，信中既有对自己30年来无日不为民主奋斗历史的回顾，又有对现实黑暗的严厉鞭挞；既表达了他为民主事业早已将生命置之度外的至死不渝的坚贞信念，又抒发了对光明社会无限渴望之情。特别值得一提的是，在他"诸病交作，日益沉重"的时刻，在他生命朝不保夕的时刻，他对自己一无所求，所关心的是亲友的艰危处境。尤其是对跟随他多年的随从杜良民倾注了极大的关怀之情，希望能设法营救他出狱，体现了一位爱国志士的博大胸襟。总之，在这"悲愤交集，言不尽意"的简短信中，虽以文言写就，但不尚华丽，不工辞藻，完全是作者真实心境的写照。言语简短，义尤深刻，恨亦强烈，情尤深重，读之感人。

杨 杰

杨杰（1889—1949），字耿光，云南大理人。早年在日本学习军事，并参加孙中山领导的同盟会。1911年回国参加辛亥革命，后又积极讨伐袁世凯称帝。1924年任冯玉祥部队第三军参谋长、师长、军长、长江要塞总司令、陆军大学校长等职。七七事变后曾任驻苏联大使。1940年被免职。抗战胜利后，与谭平山、陈铭枢、王昆仑等国民党爱国民主人士组织"三民主义同志会"，反对蒋介石独裁，遭蒋介石派出特务的监视。1948年任中国国民党革命委员会中央委员，在云南积极配合中国人民的解放斗争。1949年5月，中共中央通知杨杰赴北京参加全国政协第一届全体会议。9月19日，杨杰途经香港时，被国民党特务暗杀。

> 今后做事，要立定脚跟，敢品卖力，要谨慎奋发，或可有成。

给儿子的信

兆虎继儿青览：

十月十八日来禀诵悉。

世道艰苦，奋斗才是出路。幼年不努力，老大徒伤悲。好运气总是落在有本钱人的身上（本钱者，有技术、有学问、有能力之谓）。汝逾而立，奔驰蹀躞①，或者有相当的觉悟。今后做事，要立定脚跟，敦品卖力，要谨慎奋发，或可有成。

我来月返滇②，省视老亲，届时可以良晤，再为详加指导。我是厚望下辈之人个个争气，个个成才。若是不自弃自暴，当然可以提携，一切望自发为要，余容续告。专复即询

时佳！

父　光③手泐
十、廿六④

注释

①蹀躞（dié xiè）：小步走路，往来徘徊的样子。
②滇：云南省简称。
③光：杨杰字耿光。
④此信写于1946年10月26日。

赏析

杨杰是国民党中著名的将领和爱国民主人士。因反对蒋介石独裁，在中华人民共和国成立前夕，不幸死于国民党特务之手。这封信写于1946年，那个时候，他因为与谭平山、陈铭枢、王昆仑等国民党爱国民主人士组织"三民主义同志会"，已受到国民党特务的监视。信中开首所说"世道艰苦"，或许也反映出他当时所处的艰难处境。杨杰本人也无所畏惧地在这艰难时世中英勇斗争，所以他告诫儿子要从小努力奋斗，掌握本领，才能事业有

成。作者对儿子的挚爱也就在这殷殷期望和谆谆教诲中自然流露出来了。

本信的语言极为简练文雅，这和作者在信中多用古文词句有关，如"来禀诵悉""余容续告""专复即询"等都是古代书信中常用之语，"汝逾而立""奔驰蹀躞""省视老亲""届时可以良晤"等也都是很典型的文言古语。

郭沫若

郭沫若(1892—1978),原名开贞,号尚武,四川乐山人。我国杰出的文学家、历史学家、古文字家、社会活动家。1914年赴日学医,归国后从事文艺活动,1918年开始新诗创作。1921年出版了新体白话诗《女神》,在中国诗歌史上开拓了一个新时代,并与郁达夫、成仿吾等组织了文学团体创造社,创办了《创造》季刊。1926年参加北伐战争,任国民革命军总政治部副主任。1927年参加南昌起义,在南下途中加入中国共产党。1928年因受蒋介石通缉,流亡日本,从事中国古代史和甲骨文、金文的研究。著有《中国古代社会研究》《甲骨文字研究》《卜辞通纂》等,在史学、古文字学方面产生极大影响。1930年加入中国左翼作家联盟。抗日战争爆发后,回国从事抗日救亡运动。先后任《救亡日报》社社长、中华全国文艺界抗敌协会理事、国民政府军事委员会政治部第三厅厅长和文化工作委员会主任。其间创作了《屈原》《虎符》等历史剧和大量诗文。1949年北平解放后,当选为全国文联主席。中华人民共和国成立后历任政务院副总理、中国科学院院长、中国人民保卫世界和平委员会主席、全国人大常务委员会副委员长、全国政协副主席等职。1978年6月12日在北京病逝。另著有《青铜时代》《十批判书》《奴隶制时代》等,并有《郭沫若全集》行世。

> 苟儿童时教育不良，则老大时终有悔不可追之候。

致父母亲

父母亲大人膝下：

　　元弟①十月廿六日，由成都来函接到，近想已安抵家中，喜事当亦完妥矣。男万里远隔，不能跪祝致庆于二老膝下，又不能役身分劳，不孝之罪，殊无可恕。惟念及家人团聚，二老康宁，弟兄姐妹，一堂济济，侄男侄女，长大成行，家中喜况与吾二老笑容恍惚如在目前，男亦时觉心中乐不可抑也。再元弟函中言少成②因疮疾思归，家中已许，男颇愕然！少成在省两年矣，虽闻懒惰性成，然岁月集久，当亦有所长进耳。成都学校亦正完善，何能中途辍业，下乔木而入幽谷耶？人生一世，于儿童时教育最宜注意，盖幼年时代，譬如高屋地基，地基平广坚实，自然高楼大厦可因以建立而垂久。苟儿童时教育不良，则老大时终有悔不可追之候。且现在读书非仅识得几个之无便算完事，国家设立学校亦非仅教人民识得之无也算了事；立学校为教育起见，入学校为受教育起见。成都学校职员人物，较之其他，总见高尚，必有高尚教师而教育方法方能完善，教育方法完善，儿童乃能受益。嘉定草堂寺小学校，近来内容何如，所不悉知，然一言道尽，敢说教师价值、学生程度都总有限；且嘉定学风，从来已坏，孟母教子，择邻而居，何能遽使无知十一二岁儿童，与彼马牛为群，同受劣教育耶！劣教育犹有所谓教育存也，恐嘉中学校,乃无教育之放牛场;放牛场言或太过,大约总与从前冬烘先生③散馆无相上下。然少成思归,男亦察知其意矣,想以大嫂已归,离娘思乳也。说来殊觉可笑,凡教育儿童总宜使有丈夫气,勇健活泼,不偏不倚,最是儿童美德。如少成那样儿女情态,将来如何可望有大作为？故据男意,如少成未回家,大善;如已归,可即速上省补课,或今年已迟,来春亦宜上省。儿童教育须彻头彻尾,一线到底为佳,中途如教育者更易,譬如造屋然,更易掌墨师,难望成立也。男初闻甚骇,故言之赘切焉！然使大哥④知者,必亦不为满意也。元弟既决意居家,也难强压其意,总之学业总不可荒疏;以男观,元弟来函,文气滞塞,言语多不成句,并有别字,殊出意外,屡次归函,似多提及,非好吹毛求疵,实企望甚切,望元弟尚须留意也。男顷放牛痘五枚,不甚大出,想身体无甚毒滞也。本学期行将告终矣,不久将预备试验,然在预料之科学方面,都不吃紧也。儿妇前来函云,岳家索儿相片,近来无车无暇,未遑另照,后日照得时,当多寄一份归赠也。男现居修园甚清洁,最宜读书,较前日住大冢时,饶有兴致也。肃此敬请

福安！
阖家均问候

男开贞⑤跪禀

十一月十六日⑥

三、四姐、六妹⑦想均归宁也。

六妹前来函亦收到,云鹿芹⑧汇来银二百两诚事实否？前吴姻伯汇来一百两,家中来函教还鹿芹⑨,已还悉矣,惟鹿芹君以伊家函未言及,总不肯收受,家中向姻伯言明最好也。

注释

①元弟:郭沫若弟郭开运,又名翊昌,4岁入家塾,11岁负笈出门,19岁辍学返故里。能诗画,后从医。

②少成:郭沫若侄子。

③冬烘先生:此处是指糊涂迂腐的私塾先生。

④大哥:郭开文,号成五、崇武、橙坞。曾赴日本留学。归国后曾任四川军政府交通部长,后以川边经略使的名义驻北京,卒于1936年。

⑤开贞:郭沫若原名开贞。

⑥十一月十六日:指1914年11月16日,此信写于日本留学期间。

⑦三、四姐、六妹:三姐,郭秀贞。四姐,郭麟贞。六妹,郭惠贞。

⑧鹿芹:吴鹿芹,四川乐山人。郭沫若六妹郭惠贞丈夫。

⑨鹿苹:指吴鹿苹,郭沫若六妹妹郭惠贞丈夫吴鹿芹的长兄。曾先于郭沫若留学日本,曾任自贡市盐务局副总工程师。郭沫若赴日留学时曾和他在一起。

赏析

这封给父母的家书,是青年时代的郭沫若留学日本时写的。该信除问候父母,表达了急切的思乡之情外,主要是谈侄子少成的教育问题。当时少成在成都已学习两年,因疮疾思归,竟得到家中的默许。作者对为儿女情长而中途停辍学业溺爱孩子的教育方法,很不以为然,由此而引发出他对幼儿教育的主张和意见。他认为,人生一世,于儿童教育最宜注意。盖幼年时代,譬如高屋地基,地基平广坚实,自然高楼大厦可以建立而垂久。因此教育儿童，绝不能有儿女情长，应培养儿童独立自主的丈夫气概，也就是郭沫若所说："勇健活泼，不偏不倚。"其次，作者对教师的选择也极为重视，他认为只有品德学问高尚的老师，才能使儿童受益。那种中途更换老师的做法，无疑是造屋时更易掌墨师，"难望成立也"。

虽然时光已流逝近百年，写信人与收信人也早已作古，但郭沫若信中所说及的儿童教育主张，至今仿佛更有切实的教育意义。如今那些将孩子视为"小皇帝""小太阳"而一味地溺爱娇养的父母，是否可以从这位大文豪的信中得到一些启迪而引起深刻的反思呢？

家书的书写，一般不注重雕饰和谋篇布局，所以有的家书常给人散漫琐碎之感。郭沫若的这封家书，看似信笔所致，漫不经心，实则漫而有致，主要是信中突出了如何教育儿童这个话题，不仅论理严密，说理层次十分清楚，而且见解颇为精到。再加之作者古文功底十分深厚，伸纸着墨，言语纵横处，能做到意达神传。篇幅不长而文势起伏，自见丘壑，不愧为大文豪的手笔。

毛泽东

毛泽东(1893—1976),字润之,湖南湘潭韶山冲人。伟大的马克思列宁主义者。中国共产党和中国人民的伟大领袖。早年即开始革命活动,创办了《湘江评论》,建立了共产主义小组等革命组织。1921年7月代表湖南共产主义小组出席中国共产党第一次全国代表大会。会后任中共湘区委员会书记等职。1923年6月在中共第三次全国代表大会上,当选为中央执行委员会委员和中央局委员,并兼任中央组织部部长等职。1924年参加帮助孙中山改组国民党的活动,并在国民党一大和二大上当选为中央候补执行委员,并任宣传部代理部长。1925年任第六届农民运动讲习所所长。次年11月任中共中央农委书记。大革命失败后,领导了湘赣边界秋收起义,创建了井冈山革命根据地。后与朱德等指挥中央红军取得第一、第二、第三次反"围剿"的胜利。1935年1月在遵义会议上当选为中共中央政治局常委,后与周恩来、王稼祥组成三人军事领导小组。遵义会议开始确立以毛泽东为主要代表的马克思主义正确路线在党中央的领导地位。从此,在毛泽东同志领导下,中国人民取得了抗日战争和解放战争的伟大胜利,建立了中华人民共和国,并取得了社会主义革命和建设的巨大胜利。

在长期的革命实践中,毛泽东同志为中国共产党和中国人民解放军的创立和发展,为中国各族人民的解放事业的胜利,为中华人民共和国的诞生和中国社会主义事业的发展,建立了不可磨灭的功勋。

其主要著作编为《毛泽东选集》等。

> 总之注意科学，只有科学是真学问，将来用处无穷。

给毛岸英、毛岸青的信

岸英、岸清二儿①：

很早以前，接到岸英的长信，岸清的信，岸英寄来的照片本，单张相片，并且是几次的信与照片，我都未复，很对你们不起，知你们悬念。

你们长进了，很欢喜的。岸英文理通顺，字也写得不坏，有进取的志气，是很好的。惟有一事向你们建议，趁着年纪尚轻，多向自然科学学习，少谈些政治。政治是要谈的，但目前以潜心多习自然科学为宜，社会科学辅之。将来可倒置过来，以社会科学为主，自然科学为辅。总之注意科学，只有科学是真学问，将来用处无穷。人家恭维你抬举你，这有一样好处，就是鼓励你上进；但有一样坏处，就是易长自满之气，得意忘形，有不知脚踏实地、实事求是的危险。你们有你们的前程，或好或坏，决定于你们自己及你们的直接环境，我不想来干涉你们，我的意见，只当作建议，由你们自己考虑决定。总之我欢喜你们，望你们更好。

岸英要我写诗，我一点诗兴也没有，因此写不出。关于寄书，前年我托西安林伯渠②老同志寄了一大堆给你们少年集团③，听说没有收到，真是可惜。现再酌检一点寄上④，大批的待后。

我的身体今年差些，自己不满意自己；读书也少，因为颇忙。

你们情形如何？甚以为念。

毛泽东

一九四一年一月三十一日

注 释

①岸英、岸清二儿：岸英，毛岸英（1922—1950），又名毛远仁，毛泽东长子。在抗美援朝中光荣牺牲。岸清，毛岸青（1923—2007），又名毛远义，毛泽东次子。曾在中宣部马列主义著作编辑所工作。毛泽东写此信时，两人正在苏联伊凡诺沃市上中学。

②林伯渠（1886—1960）：中国老一辈无产阶级革命家。曾任陕甘宁边区政府主席、中央人民政府秘书长、全国人大常委会副委员长等职。毛泽东写此信时的前年，即1939年，林伯渠是中国共产党驻西安的代表。

③指由中共党组织送到苏联学习的中国少年儿童。他们当中有许多是革命烈士子女。

④关于此事，毛泽东在1939年8月26日的信中说："为你们及所有小同志，托林伯渠老同志买了一批书，寄给你们。"后毛泽东听说他们没有收到这批书，故又寄上一批，并随此信附了一张书单："精忠岳传2、官场现形4、子不语正续3、三国志4、高中外国史3、高中本国史2、中国经济地理1、大众哲学1、中国历史教程1、兰花梦奇传1、峨嵋剑侠传4、小五义6、续小五义6、聊斋志异4、水浒4、薛刚反唐1、儒林外史2、何典1、清史演义2、洪秀全2、侠义江湖6。"

赏 析

毛岸英、毛岸青是毛泽东的长子和次子，为杨开慧所生。1930年10月，杨开慧被捕时，年仅8岁的毛岸英也随母亲一起被关进牢狱。杨开慧牺牲后，其嫂李崇德、母亲向振熙冒着风险将毛岸英、毛岸青送往上海毛泽民、钱希钧夫妇身旁。

历经变故，辗转各地，兄弟俩后于1936年被送往苏联学习。故毛泽东写此信时，他们正在苏联伊凡诺沃市上中学。

对于这两个由于父母参加革命而饱受磨难的孩子，毛泽东倾注了极大的爱心，曾多次写信给他们，以示关怀。在这些信中，既看不出作为一位长者的严厉态度，也看不出作为一位伟大领袖叱咤风云的气魄，而是充满一片舐犊情深，而这种深情又是在一种极为平等诚恳的行文语气中流露出来的。在信中，毛泽东和儿子们谈论学问，鼓励他们上进，不要"长自满之气"，又诚恳地说，自己的意见只能作为他们的参考，并不想干涉他们的前程。为了帮助他们学习，又多次给他们寄去书籍。从信中所附的书单可以看出，这些书籍的内容极为广泛，经济、政治、哲学、文学、历史、地理等无不囊括。

本信最主要的特色是质朴无华。从内容来说，所叙之事都是父子间亲切交谈的家常；从行文风格来说，更达到一种大匠运斤、炉火纯青的境界。他似乎摒弃一切辞藻修饰，写得那样简练流畅、明白易懂，如表示爱子之情，信中说："你们长进了，很欢喜的""总之我欢喜你们，望你们更好"。虽是淡淡的寥寥数语，却饱含无限深情，读之令人倍感亲切。

> 派你什么工作就做什么工作,一切按正常规矩办理,不要使政府为难。

给杨开智的信

杨开智①先生:

希望你在湘听候中共湖南省委分配合乎你能力的工作,不要有任何奢望,不要来京。湖南省委派你什么工作就做什么工作,一切按正常规矩办理,不要使政府为难。

毛泽东

十月九日②

注释

①杨开智(1898—1982):毛泽东夫人杨开慧之兄。早年毕业于北京农业大学(今中国农业大学),曾支持毛泽东和杨开慧的革命活动。新中国成立后,曾任湖南省茶叶公司副经理、全国政协委员、湖南省政协副主席。1982年1月26日在长沙病逝。

②十月九日:公元1949年10月9日。

赏析

　　这是一封不足百字的家信，但笺短意长，充分地表现了一位伟大领袖那种严于律己、公私分明的高尚襟怀。有人说家信是一面不变形的镜子，绝少矫饰，最能真实地反映一个人的思想言行。杨开智是毛泽东夫人杨开慧之兄，他早年曾积极支持毛泽东和杨开慧参加革命活动。杨开慧牺牲后，也是他为其妹料理后事、照看孩子。他的女儿杨展也光荣地为革命献出了生命。毛泽东在1949年8月10日给杨开智的另一封信中谈到此事："展儿于八年前在华北抗日战争中光荣地为国牺牲，她是数百万牺牲者之一，你们不必悲痛。"作为一个对革命有功的人，作为一个为中华人民共和国成立献出了两位亲人的革命烈士的家属，作为一个新中国党和国家最高领导人的亲戚，按照一般人之常情，给予照顾，那是理所当然的事。更何况杨开智早年毕业于北京农业大学，是一名学有专长的知识分子。当时，中华人民共和国刚刚成立，正是百废待兴、急需人才的时候，给他在北京安排一个较好的工作，更是顺理成章的事。毛泽东却回信谆谆告诫杨开智先生，一是一切要按正常规矩办事，服从湖南省委分配的任何工作；二是不要有任何"奢望"，而使湖南省政府为难。这里所说的"奢望"，我们的理解是，不要凭借自己是毛泽东的亲戚和革命烈士的家属，以获取超乎自己能力之外的工作。

　　毛泽东的一生，最不愿为亲友介绍工作，故当时在湖南某农场工作的杨开智写信给毛泽东，希望他在北京给自己安排工作，自然遭到了毛泽东的婉拒。为了表示慎重，毛泽东在回信给杨开智同日，又以十分严肃的语气致信当时任长沙军管会副主任的王首道："杨开智等不要来京，在湘按其能力分配适当工作，任何无理要求不应允许。其老母如有困难，可给若干帮助。"这些信件，正表现了一位伟大领袖坚持原则、不为亲友谋私利的高尚品德。

　　中国共产党带领人民经过28年艰苦卓绝的浴血奋斗，才成立了中华人民共和国。党风的好坏很大程度上取决于党和国家领导干部本身。那种"一人得道,鸡犬升天"的封建思想,是与我们党全心全意为人民服务的宗旨格格不入的。在这方面,毛泽东同志为我们作出了表率。所以经过70余年的岁月流逝,这封辞切意深的短短家书,在我们加强执政党建设、加强党风建设的今天,更显示其深刻的教育意义。

> 意志可以克服病情。一定要锻炼意志。

给李讷的信

李讷①:

念你。害病严重时,心旌摇摇,悲观袭来,信心动荡。这是意志不坚决,我也尝尝②如此。病情好转,心情也好转,世界观又改观了,豁然开朗。意志可以克服病情。一定要锻炼意志。你以为如何?妈妈很着急,我也有些。找了小员、院长计苏华、主治大夫王历耕、内科大夫吴洁诸同志今天上午开了一会,一致认为大有好转。你昨夜睡了九小时,你跑出房门在小廊上看画报。白血球降下来了,特别是中性血球,已恢复正常。他们说不成问题,确有把握,你可以放心。这点发烧,应当有的,完全正常。妈妈很不放心,打了电话给她,她放心了。李讷,再熬几天,就可完全痊愈,怕什么?我的话是有根据的。为你的事,我此刻尚未睡,现在我想睡了,心情舒畅了。诗一首:青海长云暗雪山,孤城遥望玉门关。黄沙百战穿金甲,不斩楼兰誓不还。③这里有意志。知道吗?你大概十天后准备去广东,过春节。愿意吧。到那里休养十几天,又陪伴妈妈。亲你,祝贺你胜利,我的娃!

爸爸

二月三日上午十二时④

半睡状态执笔,字迹草率,不要见怪。有话叫小员来告我。

注释

①李讷:毛泽东的女儿,生于1940年8月3日。
②原文如此。
③这是唐代诗人王昌龄《从军行》七首中的第四首。中华书局《全唐诗》中,其最后一句,"不斩"作"不破","誓不"作"终不"。
④本信写于1958年2月3日。

赏析

李讷是毛泽东最小的女儿。1958年,18岁的李讷因病住院,连续做了两个外科手术。手术后,由于伤口感染,引起发烧。儿女的病况最能牵动父母的心。在这样的时刻,父母总是保持着极大的耐心和充满着无限的爱心。一般人如此,领袖人物也不例外。毛泽东虽日理万机,却仍然非常关心女儿。一会儿找院长、医生了解情况,一会儿又打电话给李讷的母亲,临睡前还写此信安慰女儿,忙至中午12点尚未睡觉(毛泽东习惯晚上办公)。他劝慰女儿，在患病时刻一定要锻炼意志，坚强的意志和乐观的精神能够更好地战胜病魔。为了坚定女儿的信心，毛泽东又将医生会诊的结果告诉她，认为已恢复正常。

这封信和前面选录的给毛岸英、毛岸青的信不同。由于李讷是毛泽东最小的女儿，毛泽东怜爱女儿之情，用一种直抒胸臆的方法，得到淋漓尽致的体现。特别是最后一句"亲你，祝贺你胜利，我的娃！"更把这种感情推向高峰。

向警予

向警予(1895—1928),女,原名俊贤,笔名振宇,湖南溆浦人。1919年参加新民学会。同年底赴法国勤工俭学,后在法国同蔡和森结婚。1921年底归国。次年加入中国共产党,任中共中央妇女部部长、中央妇女运动委员会书记等职。1925年赴莫斯科东方大学学习。1927年回国,先后在武汉总工会宣传部和中共汉口市委宣传部工作。七一五反革命政变后,在武汉负责中共湖北省委宣传部工作,并主编《长江》刊物。1928年3月因叛徒出卖,在汉口法租界被捕。同年5月1日在汉口被国民党反动派杀害,时年33岁。

> 总要不辱你老这块肉与这滴血,而且这块肉这滴血还要在世界上放一个特别光明。

给父母的信

爹爹妈妈呀,我天天把你两老【人】家的相,放在床上,每早晚必看一阵。前几天早晨,忽然见着爹爹的相现笑容,心里欢喜得了不得。等一会儿,便得着五哥的平安家报。今天晚上九点钟,新从世界工学社①旁听回来。捧着你老【人】家的相一看,忽现愁容,两个眉毛紧紧地锁着,左看也不开,右看也不开,我便这样说:我的爹爹呀,不要愁,你的九儿②在这里,努力做人,努力向上。总要不辱你老这块肉与这滴血,而且这块肉这滴血还要在世界上放一个特别光明。和森③是九儿的真正所爱的人,志趋〔趣〕没有一点不同的。这画片上的两小④也合他与我的意。我同他是一千九百廿年产生的新人,又可叫做廿世纪的小孩子。

注 释

①世界工学社:当时留法学生中那些信仰无政府主义者组织的团体,后成为广大留法勤工俭学学生的领导组织。

②九儿:向警予兄弟姐妹共9人,向警予排行第九,乳名九九,故称九儿。

③和森:指蔡和森(1895—1931),中国共产党早期领导人之一。湖南湘乡(今属双峰)人。早年同毛泽东一起创立新民学会。1919年赴法勤工俭学。1920年5月,在留法勤工俭学期间,与向警予自由结婚。归国后加入中国共产党。历任中共中央委员、中央政治局委员、中央宣传部部长等职。1931年6月因叛徒出卖被捕,被广东军阀陈济棠杀害。

④画片上的两小:1920年5月蔡和森和向警予结婚后,向警予在同年8月,将此信写在明信片上,从法国寄给父母。明信片正面上印有两个外国小孩像,故称"画片上的两小"。

赏析

　　向警予是我党早期妇女解放运动的先驱者。1920年5月在法国勤工俭学期间,她与我党早期著名领导人蔡和森自由结婚,并把这个喜讯禀告父母。该信即写于此时,是写在印有两个天真活泼的外国小孩的明信片上的。信中倾诉了她对远隔千山万水的父母的无尽思念,并向父母表明了坚信自己所选择的伴侣是忠实可靠的。

　　信中不着一个"思"字,然满篇充溢着浓郁的思念父母之情,关键是父母的相片所起的神奇作用。因思念父母,所以向警予将父母相片放在床上,每天早晚必看一阵。相片是一种静态之物,是悲是喜,在相机快门按下那一瞬间,早已定型定格,但因作者思之心切,所以相片中的父母也"动"了起来,近在咫尺。那已定格的人像,为作者的至深思念而感召,一会儿笑容满面,一会儿紧锁双眉,这当然是作者思之极处所产生的幻觉,但更是作者本人情感的折射。这种睹物思情、物随情变的艺术手法,在向警予寄给父母的信中,是应用得极为成功的。

刘伯坚

刘伯坚(1895—1935),原名永福,四川平昌人。早年就读于成都高等师范学堂。1920年9月赴法国勤工俭学。1922年6月,与周恩来等发起成立旅欧中国少年共产党。同年转入中国共产党。1923年、1928年两度赴苏联学习。回国后任中共中央军委秘书长。1931年参与组织宁都起义。1934年中央红军长征后,留在根据地坚持斗争。1935年3月4日在战斗中负伤被俘,21日在江西大庾(今大余)英勇就义。

> 最重要的,诸儿要继续我的志向,为中国民族的解放努力流血,继续我未完成的光荣事业。

就义前给兄嫂的遗书

凤笙大嫂①并转五六诸兄嫂:

弟于三月四日在江西信丰县唐村被粤军②俘虏,押解大庾粤军第一军部,三月廿二日在大庾被牺牲了。

弟在唐村被俘时,就决定一死以殉主义,并为中国民【族】解放

流血,曾有遗嘱及绝命词寄给你们,不知收到没有?③

弟为中国革命牺牲毫无遗恨,不久的将来,中国民族必能得到解放,弟的鲜血不是空流了的。

虎、豹、熊三幼儿④将来的教养,完【全】赖诸兄嫂。豹儿在江西,今年阳历二月间寄养到江西瑞金武阳围的船户,赖宏达(四五十岁)老板。他的船经常往来于瑞金、会昌、雩都⑤、赣州之间。他的老板娘名叫郭贱姑,媳妇名叫梁照娣,儿子三十岁左右,名叫赖连章(记不清楚了)。另有吉安人罗高,二十四五岁,随行,是个裁缝。罗高很忠实很爱豹儿,他无论如何都同豹儿一起。你们在今年内可派人去找,伙食费只能维持四五个月。

熊儿生后一月即寄养福建连城属之新泉区芷溪乡黄荫胡家中,黄业中药铺,其弟已为革命牺牲,弟媳名满菊,扶养熊儿,称熊儿为子,爱如己出,因她无子。

熊豹两儿均请设法收回教养。

诸幼儿在十八岁前可受学校教育,十八岁后即入工厂作工为工人。他们结婚更不要早,迟至三十岁左右再结婚亦不为迟,以免早婚多儿女累,不能成就事业。

最重要的,诸儿要继续我的志向,为中国民族的解放努力流血,继续我未完成的光荣事业。

这封信须要给叔振⑥同志一阅,她可能已到沪了。

此致
最后的亲爱的敬礼

弟　刘伯坚

三月廿日⑦于大庾

我已要求粤军枪毙我后葬我在大庾梅关附近⑧。

注释

①凤笙大嫂：指梁凤笙，刘伯坚妻子的嫂嫂。

②粤军：国民党广东军阀部队。

③刘伯坚被捕后不久，即抱着必死的决心，写了一封家书，并附有绝命词和给孩子们的遗嘱，从大庾寄给家属，可惜已佚失。

④虎、豹、熊三幼儿，指刘伯坚的儿子刘虎生、刘豹生、刘熊生。

⑤雩都：1957年6月1日起改为"于都"。

⑥叔振：指王叔振（1906—1935），刘伯坚的妻子。原名淑贞，陕西三原人。1920年入西安女子师范学校学习。1927年加入中国共产党。1930年到中央革命根据地，被分配从事妇女工作。1934年中央红军主力长征后，与刘伯坚一道留在根据地坚持斗争。1935年3月在福建长汀被执行王明"左"倾错误的福建苏维埃政府保卫局杀害。

⑦三月廿日：刘伯坚牺牲于1935年3月21日，这里所写的"三月廿日"可能是烈士的笔误。

⑧梅关附近：梅关在江西大庾、广东南雄交界处，历代为南北交通要隘。刘伯坚牺牲后，实际葬在城北金莲山下。

赏析

此信写于1935年3月21日，也就是刘伯坚光荣牺牲的这一天。临刑前，敌人问他有什么后事要办，刘伯坚大义凛然地说："有！第一，我要写封家信，交代我的子孙后代要将革命进行到底！第二，我死之后要把我葬在梅关，使我死后也能看到革命烈火到处燃烧！"敌人只好给他纸墨，于是刘伯坚镇定自若地写下了这封撼人心魄的家书,掷笔而去,含笑赴九泉。

  这封作为遗书的家书,是用生命和鲜血铸就成的铮铮誓言,字字句句如金铁玉石,掷地有声,没有一丝矫饰,没有一毫悲伤。信中除了交代自己被捕的经过,嘱托兄嫂照顾自己的三个幼儿外,更多的是表达自己"一死以殉主义"的决心,并殷切地期望诸儿能继承他的志向,为"中华民族的解放"努力流血,完成烈士未完成的光荣事业。从中我们可以看到,烈士为了中华民族的胜利,不惜抛家别子的无私情怀。此信表现了作者为中国革命而牺牲毫无遗恨的浩然正气。

黄竞西

黄竞西(1897—1927),又名丽华,江苏江都(今扬州市邗江区)人。1925年加入中国共产党,曾任中共江苏丹阳独立支部书记。1926年在国民党江苏党部负责中共党团工作。1927年3月参加上海工人第三次武装起义,以商人身份做掩护,秘密运送武器弹药。四一二反革命政变后,在上海从事秘密工作。1927年6月26日在上海被国民党政府逮捕,7月4日牺牲。

> 死是一快乐事,尤其是为革命的。我在未死前,毫不畏惧,你们不要痛心。

狱中给楚云妻的信

楚云①爱妻:

□②□二六被捕□命□竟,我与你诀别于二六大早。我觉得做革命的□早□□□□□□□□有何可惧!去年孙传芳③时在法界④被捕,我已料不能再生,那知还可使我多活一年。在党方面说,多做一年工作,在我们夫妻方面说,多一年的爱情!想到这里,你也可自慰一下。惟今昔情形不同,我终觉得死于今比死于昔使人们可觉悟中国是需要继续革命的,我之死也无余恨。惟我们不能偕老,夫妻能偕老的有几呢?一年、一月、数日的都有,我们已有了十年,也不算少了,宝儿也四岁了。你万勿以我而悲伤。你的体弱,千万要保重,扶养小儿长大读书,能继我志而努力才好。身后家中事我托伯哥、楚哥、岳舅⑤等,我想也无大问题,惟使你更苦罢了。我希望你本我耐苦的素志,倘有问题可和伯、楚等商量,伯哥爱我如手足,你可常和他通信。祖父年老了,我事最好勿告他,免他心急,店事请楚哥与岳舅商量,并望霖哥为我各处设法,可无问题。倘要钱用,可请霖兄去借。楚姊!我心爱的情人,不能再和你【会】一面了,会时难过又不如不会了。死是一快乐事,尤其是为革命的。我在未死前,毫不畏惧,你们不要痛心。死者已矣,惟望生者努力,束之仇⑥将来欲报。月坡是投机分子,个人主义者,我终说像他那样的三民信徒,国民党就不堪了。长林处可函去报告。老虎毯在石寿处,托普成去问他。要钱可向伯哥借些先用。我们〔个〕人的遗体随他在上海好了,革命的精神与尸骸同葬一处好了。你不要穿白衣,带〔戴〕这样重孝,只要臂章黑纱志哀可也,尤不要迷信,请和尚,买纸箔,空费金钱于无益。我不能再几天一信一片的常通音信了。我虽死,我精神终萦绕于你的左右,只当未死好了。千万不要哭,你弄坏身体小儿无人照应,我反不放心。我相信你一定可以依照我的遗言,一若我活在家中一样,那末我在地下也可瞑目了。最后祝你健康

你的爱弟　竟西在上海
六·二九⑦

黄竞西
狱中给楚云妻的信

注释

①楚云：指黄竞西的妻子吕楚云。

②□：文中打"□"符号的是因书信辗转历久而致文字模糊不辨。

③孙传芳（1885—1935）：北洋直系军阀。1935年在天津佛教居士林遭刺身亡。

④法界：指上海法租界。

⑤岳舅：指张岳山。黄竞西曾在丹阳经营父亲留下的种德堂中药店，后致力于革命，店务由张岳山主持。

⑥束之仇：束，指束炳树，江苏丹阳人。由于他于1927年6月向国民党反动派告密，致使黄竞西等在上海筹建的国民党江苏省党部（左派）秘密机关遭到破坏。

⑦此信写于1927年6月29日。

赏析

1927年6月26日黄竞西被捕后，关在上海枫林桥监狱，他自知必死无疑，临刑前留下了6封遗书，我们从中选录了他给妻子吕楚云的遗书。遗书是书信中一种比较特殊的形式，一般多写于死者临终前。遗书的内容比较广泛，如对遗产、后事的交代，对亲戚朋友的希望和请托，对自己一生之评价，等等。大至可谈国家大事，小至可叙家庭琐事；或寥寥数语，或挥洒万言；或叙述交代，或议论抒情；或追忆往事，或展望将来。内容和形式可不拘一格。革命烈士的遗书多写于英勇就义前，往往洋溢着炽热的战斗激情和视死如归的革命精神。这封遗书也是如此。信中以饱含感情的语言，倾诉了他对爱妻的挚爱和眷念,虽是儿女情长,却不掩英雄气壮。同时又以豪放的笔触抒发了他为革命含笑赴死、虽死犹生的乐观态度。似水之柔情与如火之豪情,同时充溢于一纸,读之催人泪下。

王若飞

王若飞（1896—1946），原名荫生，又名大伦，字继仁，贵州安顺人。早年赴法国勤工俭学，加入法国共产党，后转入中国共产党。1925年从莫斯科东方大学学习归国后，历任中共豫陕区委书记、中央秘书长、江苏省委书记。1928年在苏联任中共驻共产国际代表团成员。1931年回国，因被叛徒出卖，在包头被捕，在狱中坚持革命斗争。1937年夏，经营救出狱，后历任中共陕甘宁边区委员会宣传部部长、八路军副总参谋长、中共中央秘书长等职，是中共五大、七大中央委员。抗日战争胜利后，随同毛泽东参加重庆谈判。1946年4月8日返延安请示汇报工作，因飞机失事，在山西兴县黑茶山遇难。

> 弟只有忧时之心。一息尚存，终当努力奋斗。

给铭兄的信

铭兄①：

  岁尾年头，最易动人怀抱。况我今日处境更觉百感烦心，念国难之日急,恨己身之蹉跎。冲天有志,奋飞无术。五更转侧,徒唤奈何!虽然楚囚②对泣,惟弱者而后如此。至于我辈,只能隐忍以候。个人生命,早置度外。居狱中久,气血渐衰,皮肉虚浮,偶尔擦破,常致溃烂。盖缘长年不见日光,又日为阴湿秽浊所熏染。譬之楠梓豫章之木,置之厕所卑湿之地亦将腐朽剥蚀也。又冬令天短,云常不开,又兼房为高墙所障,愈显阴黑,终日如在昏幕〔暮〕中,莫能细辨同号者面貌。人间地狱,信非虚语。有人谓矿工生活,是埋了没有死,大狱生活,是死了没有埋。交冬以来,吾日睡十四小时(狱规:晚六时即须就寝,直至翌晨八时天已大明方许坐起),真无殊长眠,当吾初入狱时,见一般老号友对于囚之死者,毫无戚容,反谓"官司打好了",深诧其无情。后乃知彼等心理皆以为与其活着慢慢受罪,反不如死爽快也。

  以上琐琐叙述大狱生活,吾兄阅后,或将以为弟居此环境中,将如何哀伤痛苦,其实不然。弟只有忧时之心。一息尚存,终当努力奋斗。现时所受之苦难,早在预计之中,为工作过程所难免,绝不值什么伤痛也。因此弟之精神甚为健康,绝不效贾长沙③之痛哭流涕长太息;惟坚忍保持此健康之精神。如将来犹有容我为社会工作之机会,固属万幸,否则亦当求在狱能比较健康而死,弟无丝毫悲观颓丧之念也。与吾同号者,尚有五人,彼等官司皆在十年以上,时常咨嗟太息,以为难望生出狱门,我尽力慰解彼等,导之有希望,导之识字读书,导之行乐开心(下棋唱歌),一面使彼等有生趣,一面使我每日的生活亦不空虚。当彼等诅咒此大狱生活时,我尝滑稽地取笑说:"我们是世间上最幸福的人。每天一点事不做,一点心不操,到时候有人来请睡,一睡就是十四点钟;早上有人来请起,饭做好了就请我们吃;难道还不够舒服么?"同时又叙述遭受天灾或兵灾区域难民的痛苦,冰天雪地中沙场战士的生活,我们较之,实已很舒服。自然任何人都愿在沙场争战而死,不愿享受大狱的舒服。吾之为此言,一面取笑,一面亦示人世间尚有其他痛苦存在,不可只看到自己也。即如吾兄现时之生活,想来亦必有许多难处,不过困难内容性质与弟完全不同耳。弟处逆境,与普通人不同处,即对于将来前途,非常乐观。这种乐观并不因个人的生死或部分的失败、一时的顿挫,而有所动摇。弟现时所最难堪者,为闲与体之日现衰弱,恨不能死于战场耳!每日天将明时,枕上闻军营号声,不禁神魂飞越!嗟乎!吾岂尚有重跃马于疆场之日乎?

一九三三年一月④

注释

①铭兄:指王若飞表姐夫熊铭青。

②楚囚:原指被俘的楚国人,后用以借指处境窘迫的人。

③贾长沙:指西汉著名文学家贾谊,世称贾生、贾太傅,曾为长沙王太傅,故称贾长沙。后为梁怀王太傅,因怀王坠马死,贾谊常自伤哭泣,不久去世。

④1931年王若飞从苏联归国,途经包头,被国民党政府逮捕入狱,直至1937年夏才被营救出狱。此信写于1933年1月包头狱中。

赏析

王若飞是我党革命时期的卓越领导人之一。1928年在苏联任中共驻共产国际代表团成员。1931年回国,行至包头时,由于叛徒的告密而被捕入狱。此后,王若飞在监狱中度过了暗无天日的近6年岁月。此信即写于其在狱中已度过一年时间的岁尾年头之际。岁尾年头是除旧布新之际,最容易引动人们的慷慨之情,一般人尚如此,更何况被关在狱中的人呢?王若飞在给舅父的一封信中曾提到此种心情:"数日前提笔给铭兄写信时,正当岁尾年头,不免有刘玄德髀肉复生之感,故语气亦自然反映出一些感慨之言。"他讲的就是我们选录的这封信。这些慷慨之言,没有丝毫颓丧,更不是弱者的哭泣、卑者的绝望,有的是一种气贯长虹的乐观主义精神和为革命愿把牢底坐穿的坚强意志。

信中第一段以十分细致的笔触描写了牢狱那暗无天日的人间地狱的客观环境。一是通过作者主观感受来描写:自己身上的皮肉偶尔擦破,常导致溃烂;牢狱阴暗,终日不辨同狱者的面貌;一天须睡十四小时。二是通过同牢号友对死去囚犯的冷漠态度,反映出大狱生活是死了没埋、活着不如死了好的现状,使人感受到一种令人窒息的悲惨气氛,为下文表现作者乐观精神做了强有力的铺垫。

那么如何对待恶劣的牢狱生活呢?很自然是本信第二段要叙述的内容,也是一个人的意志精神的坚强与懦弱、充实与空虚、高尚与低下的试金石。作者在此采取了鲜明对比的手法:同狱中其他号友,只是时常叹息,以为难活着走出狱门;而作者不但自己乐观,而且主动地关怀、帮助同狱难友,唤起他们生之希望,教他们识字读书、行乐开心。在此作者又运用一种幽默调侃的笔调和反话正说的方式来表现他对坐牢的态度:"我们是世间上最幸福的人。每天一点事不做,一点心不操,到时候有人来请睡,一睡就是十四点钟;早上有人来请起,饭做好了就请我们吃;难道还不够舒服吗?"在这人物的行为与心志的鲜明比照中,革命者与普通人不同之处也就充分显现出来了,那就是革命者虽身陷囹圄,但对将来的前途非常乐观。"这种乐观,并不因个人的生死或部分的失败、一时的顿挫,而有所动摇。"这种自我道白,没有故弄玄虚,没有着意夸耀,完全是在具体的描述和鲜明的比照中水到渠成的自然流露,而其中包含了多么巨大的精神力量,蕴藏着多么深刻的人生启示!

文章结尾的表述,更闪烁出撼人心弦的思想与艺术的耀眼火花:"每日天将明时,枕上闻军营号声,不禁神魂飞越!嗟乎!吾岂尚有重跃马于疆场之日乎?"一个反问式的表达,引发出多少慷慨!这慷慨之中没有悲哀,只有悲壮,一种冲天有志、奋飞无术的悲壮,一种欲报效多难之祖国。欲为革命奋杀战场而又不能的悲壮。此信壮丽的理想和勃勃的雄心被黑暗的现实捆住了手脚,只得仰天长啸,壮怀激烈。字字发自内心,句句直抒胸臆,读之荡气回肠,撼人心魄!

叶剑英

叶剑英(1897—1986),原名叶宜伟,字沧白,广东梅县人。早年追随孙中山革命。历任黄埔军校教授部副主任、国民革命军新编第二师师长、第四军参谋长等职。1927年7月加入中国共产党。同年12月参加领导广州起义。1934年随中央红军长征,任红军前敌总指挥部参谋长等。抗日战争时期,任八路军参谋长等。中华人民共和国成立后,历任中共中央华南局第一书记、广东军区司令员兼政委、中共中央中南局代理书记、中国人民革命军事委员会副主席、中共中央军委副主席兼秘书长、国防部部长、中共中央副主席、全国人大常委会委员长等职。1986年10月22日逝世。

叶剑英是中国伟大的无产阶级革命家、政治家、军事家、战略家,久经考验的共产主义者、坚定的马克思主义者,中华人民共和国和中国人民解放军的缔造者和领导人之一,中华人民共和国十大元帅之一,长期担任党和国家重要领导职务的卓越领导人。他是以毛泽东同志和邓小平同志为核心的中国共产党第一代和第二代中央领导集体重要成员,是中华人民共和国德高望重的开国元勋之一,在国际上享有崇高威望和地位,被视为中华人民共和国成立以来最具影响力的代表人物之一。

鼓起你的劲儿，踏上你的长路。
这不是日暮途远呀！红日恰在东升。

给叶楚梅①的信

亲爱的梅儿：

——爸爸有你而感觉骄傲。

鼓起你的劲儿，踏上你的长路。

这不是日暮途远呀！红日恰在东升。

阳光照着艰险的途程，比起黑夜里摸索，要便宜得万万千千。

急进吧！追上那先头出发的人们。

急进吧！再追上一程。

那里有广漠无边的地盘，等待着你们去开垦。

那里有大批优良的种子，等待着你们去拿回来散布，赶上春耕。

人民要翻身了，许多人已经翻了身。

敌人着慌了，不顾一切的起来作绝望的抗衡。

这是人类历史上最热闹的场面。

急进吧！再追上一程。

我们不是速胜论者。

欢迎你们能够赶上这一场翻天覆地的斗争。

我想你们没有一个是"坐享其成"的人。

你们是铁中铮铮。

爸爸

6./ⅩⅡ.1946.北平②

注释

①叶楚梅：叶剑英的女儿。写此信时，叶楚梅正在莫斯科财经学院读书。

②此信写于1946年12月6日。

赏析

叶剑英是中国近现代史上杰出的革命家、政治家和军事家。在数十年的戎马生涯中，多次在中国革命的危急关头力挽狂澜，起了关键的作用。这位功勋卓绝的中国革命的领导者，同时也是才华横溢的诗人。他的"满目青山夕照明""攻书莫畏难"等脍炙人口的诗句家喻户晓。我们选录的这封叶剑英给女儿叶楚梅的家书，也是用诗歌形式写成。诗歌形式的家书是家书中一种比较特殊的形式。但在古代的家书中，这种形式是屡见不鲜的。如李白就有《寄东鲁二稚子》的诗歌家书。唐代著名诗人韦应物的诗集中就有近二十首寄给诸弟的诗歌家书。诗歌的最大优点就是宜抒发感情。古人云：诗缘情而发。白居易也说："诗者，根情。"足见抒情在诗歌中的地位。家书大多有一毛病，常常由于所叙琐事较多，往往使人读之乏味。诗歌家书既吸取了诗歌的优点，又摒弃了一般家书琐碎的毛病。叶剑英的这封诗歌家书即是如此。信中既没有对远在莫斯科学习的女儿柔情似水的叨叨絮语，更没有对家庭琐事味同嚼蜡般的交陈。信中铺陈弘扬的是一种淋漓兴会的革命豪情，表现了一个革命者伟大广阔的心胸气魄。你看，"这不是日暮途远呀！红日恰在东升。阳光照着艰险的途程，比起黑夜里摸索，要便宜得万万千千"。诗句是何等的雄壮有力，这以红日东升比喻革命前程似锦的象征艺术手法，也是一般家书叙述性的语言难以表达的。又如，叶剑英希望女儿学成归国，参加革命建设，接连用了两个象征性的比喻手法："那里有广漠无边的地盘，等待着你们开垦。那里有大批优良的种子，等待着你们去拿回来散布，赶上春耕。"这些比喻使作者的殷殷期望得到了更为形象化、生动化的表述，也使作者内在感情的抒发获得某种更为深广的力量。这是诗歌家书的特色之一。

老 舍

老舍(1899—1966),原名舒庆春,字舍予,北京人。我国现代优秀作家,人民艺术家,杰出的语言大师。1912年到北京师范学校学习,毕业后任南开中学老师。1924年赴英国伦敦大学东方学院讲学,创作了《老张的哲学》《赵子曰》《二马》三部长篇小说。归国后,先后在齐鲁大学、山东大学任教,并创作了大量作品。其中《骆驼祥子》是其代表作。抗战爆发后,曾任中华全国文艺界抗敌协会理事兼总务主任。新中国成立后,任中国文联副主席、中国作协副主席等职,并多次当选全国人大代表、政协常委。曾荣获北京市人民政府的"人民艺术家"称号。一生写作约800万言,作品具有大众化、通俗性、民俗色彩浓厚等特色。其主要作品还有话剧《龙须沟》《茶馆》,小说《正红旗下》《四世同堂》等。

老舍的作品大多取材于市民生活。他善于描绘城市贫民的生活和命运,尤其擅长刻画浸透了封建宗法观念的保守落后的中下层市民,在民族矛盾和阶级搏斗中,在新的历史潮流冲击下惶惑、犹豫、寂寞的矛盾心理和进退维谷、不知所措等各类行径。他喜欢通过日常平凡的场景反映普遍的社会冲突,笔触往往延伸到民族精神的挖掘或者民族命运的思考,让人从轻快诙谐之中品味出生活的严峻和沉重。作品中对自然风光的色彩鲜艳的渲染和习俗人情的细致入微的描摹,增添了生活气息和情趣。

> 春来了,我的阴暗的卧室已有阳光,桌上边有一枝桃花插在曲酒瓶中。

致胡絜青

絜青:①

接到信,甚慰!济与乙都去上学,好极!唯儿女聪明不齐,不可勉强,致有损身心。我想,他们能粗识几个字,会点加减法,知道一点历史,便已够了。只要身体强壮,将来能学一份手艺,即可谋生,不必非入大学不可。假若看到我的女儿会跳舞演讲,有作明星的希望,我的男孩能体健如牛,吃得苦,受得累,我必非常欢喜!我愿自己的儿女能以血汗钱挣饭吃,一个诚实的车夫或工人一定强于一个贪官污吏,你说是不是?教他们多游戏,不要紧逼他们读书习字;书呆子无机会腾达,有机会作官,则必贪污误国,甚为可怕!

至于小雨,更宜多玩耍,不可教她识字,她刚才四岁呀!每见摩登夫妇,教三四岁小孩识字号,客来则表演一番,是以儿童为玩物,而忘了儿童的身心教育甚慢,不可助长也。

我近来身体稍强,食眠都好,唯仍未敢放胆写作,怕再患头晕也。给我看病的是一位熟大夫,医道高,负责任,他不收我的诊费,而且照原价卖给我药品,真可感激!前几天,他给我检查身体,说:已无大病,只是亏弱,需再打一两补血针。现已开始。病中,才知道身体的重要。没有它,即使是圣人也一筹莫展!

春来了，我的阴暗的卧室已有阳光，桌上边有一枝桃花插在曲酒瓶中。

祝你健康！代我吻吻儿女们！

舍上

三、十②

①絜青：老舍的妻子胡絜青。1905年生，北京人，满族，擅长国画，曾在北京画院工作。

②此信原载1942年4月《文坛》第2期，据推算，此信可能写于1942年3月10日。本信选自人民文学出版社出版的《老舍文集》第14集，开头无署名，以××代替。现据山西人民出版社出版的《写给爱人的信》加"絜青"二字。

著名作家老舍写给妻子胡絜青的这封家书，主要谈了如何教育儿女的一些观点。作家并没有一般家长那种望子成龙、望女成凤的思想，为了使儿女飞黄腾达，强迫他们读死书，死读书，泯灭他们的童心。作家只希望自己的儿女靠自己的诚实劳动，"以血汗钱挣饭吃，一个诚实的车夫或工人一定强于一个贪官污吏"。在幼儿教育方面，他也反对当时的父母普遍的教育方式。那种强迫儿童三四岁就识字，客来则表演一番，是一种将儿童当玩物的做法。过早地开发儿童智力，是有损于他们健康的。这种独具一格的家教观点，并不是老舍一时的心血来潮的想法，在谈到教育孩子的文章中，他都持这种见解。如《文艺副产品》一文中,他亦如是说:"我不主张早教孩子们认字。我对于教养小孩有个偏见——也许是'正见':六岁以前,不教给他们任何东西;只劳累他们的身体,不劳累脑子。养得脸蛋儿红扑扑的,胳膊腿儿挺有劲,能蹦能闹,便是好孩子。过六岁,该受教育了,但仍不从严督促。他们有聪明,爱读书呢,好;没聪明而不爱读书呢,也好。反正有好身体才能活着,女的去作舞女,男的去拉洋车,大致生活也就不错,不用着急。"这种教育孩子的观点,在今天也许更有其借鉴意义。

老舍在文学上是一位杰出的语言大师。这封信笔而至的家书,也充分显示他在语言运用方面的功力,在娓娓道来的家常絮语中,文笔是那样简洁、流畅。在短短数百字的家书中,也要顺手一击,对抗战时的贪官污吏进行讽刺鞭挞。"一个诚实的车夫或工人一定强于一个贪官污吏。""书呆子无机会腾达,有机会作官,则必贪污误国。"这种幽默而不失于油滑、讽刺而不失于晦涩的艺术手法,是老舍创作中的一贯风格。

刘少奇

刘少奇(1898—1969),有的是原名绍远,曾用名胡服等,伟大的马克思列宁主义者,中国共产党和中华人民共和国卓越领导人。他青年时代就积极参加五四运动。1921年在莫斯科学习时加入中国共产党。归国后,参加领导了粤汉铁路工人大罢工和安源路矿工人大罢工,并先后任安源路矿工人俱乐部主任、中华全国总工会副委员长。后又参加领导了著名的五卅大罢工和省港大罢工。大革命失败后,领导和从事党的白区工作。抗日战争和解放战争时期,他一直是我党和我军的主要领导人和杰出的马克思主义理论家。新中国成立后,历任全国人民代表大会常务委员会委员长、中共中央副主席、中央政治局常委、中华人民共和国主席兼国防委员会主席等职,为社会主义革命和建设作出了卓越的贡献。

刘少奇同志和人民同呼吸共命运。他强调国家主席是人民的勤务员,革命工作没有高低贵贱之分,在任何岗位上都应该全心全意为人民服务。对于工作中的缺点和错误,他总是从人民的利益出发,勇于纠正,勇于承担责任,始终保持共产党人的革命信念。主要著作编入《刘少奇选集》。

> 经常注意克服个人主义的思想，培养自己成为国家的一个有用的人。

给刘允若①的信

亲爱的允若：

你三月二十六日、四月三日和四月二十五日的来信都收到了。关于你的身体、学习、饮食和休息等问题应该如何处理，在我上次给你的信里和光美②几次给你的信里都已着重地说到，我现在的看法仍然是和这些信中所说的一样，没有新的意见。关于学习、饮食、休息等问题，除了照那些办法处理以外，也不可能有更好的办法处理，你应照着这些办法去做。我们是认真地向你说这些话的，你必须认真地听取。大使馆规定的作息时间和生活制度是正确的，是保证学生们长时期内健康地完成学习任务所必需的条件，是同我的意见一致的。你不按大使馆的规定做，就是不听大使馆的话，也就是不听我的话。可以看出，我上次写给你的信，并没有得到它应该产生的效果，这是很不能令人满意的。由于你坚持你的错误的作法，你的健康状况日渐坏下去，这就足以证明你自己的作法是根本行不通的。我劝你从现在起坚决地按大使馆的规定执行，也就是按我们和你的同学们的劝告执行，使生活正常起来，保持身体健康，以便长期坚持学下去，只有这样，才能完成国家给你的五年学习任务。如果你不这样做，你就不能长期坚持学下去，即

使你这一年的学习成绩很好,最后你还是要失败的。我的意见和大使馆规定的主要意义,就是要保证你们能长期学下去,谁能坚持学习到最后,谁就能胜利,谁不能长期坚持学习,谁就要失败。所以必须把长期坚持学习放在第一位,把现在得多少分数放在第二位。你必须这样做,你才能真正完成学习任务。否则,你将会失败。如果你失败回国,那将引起很不好的影响,对国家对你个人都是有损失的。如果你现在已经病倒,经过校医的证明和介绍,是可以在苏联医治和休养一个时期,再继续学下去,决不能半途而废,决不可以起"身体垮了可以回国"的念头。国家送学生到苏联去学习是很严肃的事情,决不可以随着你个人的意愿去对待,搞不好跑回来是要受处分的。

  关于调换学校的问题,如果你有足够的理由,是可以向组织上提出请求调换的。但根据你的来信,你要调换学校的理由是错误的。你说:"既不是因为功课重,又不是不喜欢学航空,而是和这一帮人处不下去。"这不能成为要求调换学校的理由。你同这个学校的同学搞不好,到另一个学校难道就能搞得好吗?再搞不好又怎么办?还能再调换?转学是要得到大家的谅解和同情的,但你的理由是不会得到任何人的谅解和同情的,而且我认为你现在的问题也不是转学可以解决的,所以你最好不要请求转学。转学对组织对你自己都很麻烦,都要引起损失的。

  关于你同屋的那位苏联同学,如果他真如你所说的那样,成夜赌钱,经常酗酒,吵闹得同屋同学们不能学习和休息,这是不好的。对他的这种行为,是不应该赞成的,而应该劝告他、批评他,使他改正,他不改正,你向他报复是不对的。以后,你向直接领导你们学习的系主任反映是可以的,没有错误的。但是,处理中国同学和苏联同学之间的纠纷,应该遵循更有组织的办法,你应该先向自己所属的中国青年团的组织反映,经过中国的团组织或党组织向他所属的苏联团组织或党组织反映,再由苏联的团组织或党组织去批评他、教育他。这样做,就不会影响你们学校内中苏同学间的关系,而且可以加强中苏同学间的团结。你没有这样做,也是有一部分缺点的。你们团的组织由这件事的处理中,检讨经验教训是好的,但你却因此同中国同学们搞翻了,这是很难令人理解的。仅仅为了这件事是不应该同许多中国同学搞不好的。关于这件事,我没有接到你的组织方面的信,仅仅由你的信我也可以看出,真理并不在你这方面。如果大家都不理你,一定是你有错误,因此,你应先去找同学们谈,征求他们的意见,取得他们的帮助。

过去你常常同别人关系搞不好,主要的缺点或错误都是在你这方面。关于这点,我记得在你到延安中学读书以前,我就向你谈过,要你同先生们和同学们团结合作,在先生们和同学们面前不要怕自己吃了一点亏,不要去占别人的便宜,不要看不起别人。过去凡是你同家庭中或学校中的什么人搞不好时,我都是提出这个问题要你注意,屡次着重地向你讲过。虽然在你离京前一两年已有些进步,在你去苏联我们告别时,我仍旧提出这点要你牢记:不要骄傲,不要看不起人,要尊重大家的意见,要肯于为大家的事情吃一点亏。而且,我还引用了鲁迅的名言"横眉冷对千夫指,俯首甘为孺子牛"。不知这些话,你是否记得。你一贯的错误,就是你在劳动人民面前,在同志们面前,不肯"俯首甘为孺子牛"。现在根据你的来信看,你这个毛病不仅未改,而且有了发展。现在你应该向你的组织声明承认错误,请求同志们批评,虚心地接受大家的意见,使相互之间的关系正常起来。就是说,在你的同志们面前你要"俯首甘为孺子牛"。当你同你的同学们、你的组织方面搞不好,而

且真理又不完全在你这方面时,我是不会支持你的,我只能相信和支持你的组织方面。你必须改正你的错误,否则坚持下去,还会要犯更大的错误。

你必须学会虚心听取同志们的批评。你必须了解,同志们对你最重要的帮助,就是当面指出你的错误和缺点。拒绝同志们的批评,就是拒绝同志们的帮助,就不能作一个共产党员。

你总以为你自己是对的,别人都是错的,人家都对不起你,你却没有对不起别人,你没有替别人着想,却要别人替你着想,你不肯为别人而有所牺牲,却要别人为你有所牺牲,你不去理别人,却要别人来理你,这是一种什么态度呢?在同志之间,这不是团结和合作的态度,而是同组织、同集体对立的态度,就是把自己个人放在同集体对立的地位,就是一种个人主义。而个人主义是一种资产阶级的思想,只有集体主义才是无产阶级的思想。你必须抛弃个人主义,接受集体主义。就是在任何时候、任何问题上都要首先考虑集体的利益,把集体的利益摆在前面,把个人愿望、个人利益摆在服从的地位;当个人愿望和个人利益同集体利益发生矛盾时,应该肯于为了集体的利益而牺牲个人的利益。你应该下决心成为这样一种人,决心改造自己,加强这方面的锻炼,经常注意个人与集体的关系,一有错误立即改正,否则,你将不会成为一个真正对人民有用的人。

你现在正在学习技术,也就是准备学会一门本领以便为祖国服务。如果你要对祖国有所贡献的话,仅只掌握了技术还是不够的,还要有为人民而学习,为人民而工作的观点,还要取得人民对你的信任。而要取得人民的信任,首先就要取得你的组织,你的同学们、先生们以及一切同你熟悉的人们的信任,如果熟悉你的人都不信任你,不熟悉你的人更不会信任你,人民也就不会信任你,人民不信任你，即使你学了什么本领也是没有用的。被集体被人民抛弃了的人，是最可耻的人，你无论如何也不应成为这样的人，但你必须立即警惕，改正错误，否则，你是有这种危险的。

组织上决定要派一个中国同学同你住在一个屋子，是应当接受而不应当拒绝的，即使是要监督你，也是不应拒绝的。你拒绝了并同小组长吵了一架，粗暴地坚持你的意见，是错误的。你应服从组织上的决定，欢迎搬来的同学，努力争取他对你的帮助。每个共产党员，包括我自己在内，都是要受群众、受组织监督的，而且是应该欢迎别人监督的。记得去年你曾提出申请加入共产党的要求，你既希望成为一个共产党员，而现在已是一个青年团员，是不能拒绝组织监督的。一切拒绝组织和群众监督的人，都不能作共产党员。

你现在是在一个新的环境中生活和学习，你应想办法去适应新环境，要创造条件使生活过得更好些，以保证身体健康。苏联的饮食是很好的，它的营养价值比中国的饮食要高得多，大多数到苏联去过的同志，回来时都增加了体重，我最近两次去苏联体重都增加了几个公斤。但，在开始时对奶品及生鱼等我吃不惯，过一个时期吃惯了，觉得它们的味道很好。不要对苏联的饮食存成见，应习惯去吃苏联的有高度营养价值的饮食。过去我们曾寄了一些中国食品给你，这在你初到苏联时是可以的，以后不准备再寄了，因为可能发生不好的影响。你应该知道你现在的生活是很幸福的，学习条件也是很好的。一九二一年我在苏联学习，那时的生活条件确是很困难的，更没有什么人寄东西给我们，而我们都没有怨言，都是愉快地学习和生活着。如果你对你现在的生活还有什么怨言和牢骚，那是很不应该的，我是不会同情你的。

最后，希望你能接受我的意见，真正改正错误，与同学们关系搞好,长期坚持地学下去,经常注意克服个人主义的思想,培养自己成为国家的一个有用的人。希望你这样做,而且必须这样做,不要辜负祖国和我们对你的期望!

  我对你写了两封长信是不很容易的。你必须认真对待我所讲的话,彻底抛弃你的错误思想,把思想转过来,你就会愉快的。

  祝你健康、愉快、进步!

刘少奇
一九五五年五月六日

注 释

①刘允若:刘少奇的儿子,当时在苏联莫斯科学习。
②光美:指王光美,刘少奇的夫人。

赏 析

  刘允若是刘少奇的次子,其母何宝珍烈士在上海被捕,后光荣牺牲于南京雨花台。当时刘少奇已在苏区工作,于是刘允若被人送给一个贫苦农民作养子。十二三岁到上海当学徒,十五岁时才被地下党组织找到,回到刘少奇的身边。1954年被送往苏联莫斯科航空学院学习飞机无线电仪表专业。由于刘允若爱好文学和新闻专业,当时又和同班同学搞不好关系,故接连写信给刘少奇,要求转换专业。刘少奇针对刘允若暴露出来的一些思想问题,接连写了数封长信,对其进行了既严厉又语重心长的批评教育。我们选录的这封信,正是其中的一封。

  中国自古以来都极为重视对子女的家庭教育,千百年来广为流传着许多脍炙人口的家书,如东汉马援的《诫兄子严敦》、三国诸葛亮的《诫子书》、宋代朱熹的《与长子受之》等都是教育子女的名篇佳作。刘少奇当时作为党和国家的最高领导人之一,竟在日理万机之时,给儿子写下数封长篇家书,可见其对家庭教育的重视,也为今人教育子女作出了典范。在这封信中,少奇同志批评了儿子不正确的思想,并详细地耐心地帮助儿子分析产生这种错误思想的根由,殷切地希望儿子能正视错误,将个人的兴趣爱好与国家和集体的利益统一起来,成为一个对国家有用的人。

这封书信既措辞严厉,又感情恳挚;既有严肃的批评,亦有循循善诱。在说理议论时,他再三致语,反复申明,采取层层剥笋、循序渐进的手法。在分析问题的要害处,他又浓墨点染,揭示本质,使儿子在严厉中感受到父亲的慈爱和殷殷期望,在平凡絮语中体察到父亲深刻的用意,不愧为当代一篇声情并茂的诫子书。

丰子恺

丰子恺(1898—1975),原名丰润,浙江桐乡人。现代著名画家、文学家、美术和音乐教育家。早年师从李叔同学习绘画、音乐。1921年春去日本留学,翌年归国。曾任上海开明书店编辑,上海大学、复旦大学、浙江大学美术教授。五四运动后,开始进行漫画创作。中华人民共和国成立后,曾任上海中国画院院长、上海文联副主席等职。主要作品有散文集《缘缘堂随笔》、漫画集《子恺漫画全集》等。

> 我的孩子们!我憧憬于你们的生活,每天不止一次!

给我的孩子们①

  我的孩子们!我憧憬于你们的生活,每天不止一次!我想委曲地说出来,使你们自己晓得。可惜到你们懂得我的话的意思的时候,你们将不复是可以使我憧憬的人了。这是何等可悲哀的事啊!

  瞻瞻!你尤其可佩服。你是身心全部公开的真人。你甚么事体都想拼命地用全副精力去对付。小小的失意,像花生米翻落地了,自己嚼了舌头了,小猫不肯吃糕了,你都要哭得嘴唇翻白,昏去一两分钟。外婆去普陀烧香买回来给你的泥人,你何等鞠躬尽瘁地抱他,喂他;有一天你自己失手把他打破了,你的号哭的悲哀,比大人们的破产,失恋,broken heart②,丧考妣,全军覆没的悲哀都要真切。两把芭蕉扇做的脚踏车,麻雀牌堆成的火车,汽车,你何等认真地看待,挺直了嗓子叫"汪——""咕咕咕……",来代替汽笛。宝姐姐讲故事给你听,说到"月亮姊姊挂下一只篮来,宝姐姐坐在篮里吊了上去,瞻瞻在下面看"的时候,你何等激昂地同她争,说"瞻瞻要上去,宝姐姐在下面看"!甚至哭到漫姑面前去求审判。我每次剃了头,你真心地疑我变了和尚,好几时不要我抱。最是今年夏天,你坐在我膝上发现了我腋下的长毛,当作黄鼠狼的时候,你何等伤心,你立刻从我身上爬下去,起初眼瞪瞪地对我端详,继而大失所望地号哭,看看,哭哭,如同对被判定了死罪的亲友一样。你要我抱你到车站里去,多多益善地要买香蕉,满满地擒了两手回来,回到门口时你已经熟睡在我的肩上,手里的香蕉不知落在哪里去了。这是何等可佩服的真率、自然与热情!大人间的所谓"沉默""含蓄""深刻"的美德,比起你来,全是不自然的,病的,伪的!

你们每天做火车,做汽车,办酒,请菩萨,堆六面画,唱歌,全是自动的,创造创作的生活。大人们的呼号"归自然!""生活的艺术化!""劳动的艺术化!"在你们面前真是出丑得很了!依样画几笔画,写几篇文的人称为艺术家,创作家,对你们更要愧死!

你们的创作力,比大人真是强盛得多哩:瞻瞻!你的身体不及椅子的一半,却常常要搬动它,与它一同翻倒在地上;你又要把一杯茶横转来藏在抽斗里,要皮球停在壁上,要拉住火车的尾巴,要月亮出来,要天停止下雨。在这等小小的事件中,明明表示着你们

的弱小的体力与智力不足以应付强盛的创作欲、表现欲的驱使,因而遭逢失败。然而你们是不受大自然的支配,不受人类社会的束缚的创造者,所以你的遭逢失败,例如火车尾巴拉不住,月亮呼不出来的时候,你们决不承认是事实的不可能,总以为是爹爹妈妈不肯帮你们办到,同不许你们弄自鸣钟同例,所以愤愤地哭了,你们的世界何等广大!

你们一定想:终天无聊地伏在案上弄笔的爸爸,终天闷闷地坐在窗下弄引线的妈妈,是何等无气性的奇怪的动物!你们所视为奇怪动物的我与你们的母亲,有时确实难为了你们,摧残了你们,回想起来,真是不安心得很!

阿宝!有一晚你拿软软的新鞋子,和自己脚上脱下来的鞋子,给凳子的脚穿了,划袜立在地上,得意地叫"阿宝两只脚,凳子四只脚"的时候,你母亲喊着"龌龊了袜子!"立刻擒你到藤榻上,动手毁坏你的创作。当你蹲在榻上注视你母亲动手毁坏的时候,你的小心里一定感到"母亲这种人,何等煞风景而野蛮"吧!

瞻瞻!有一天开明书店③送了几册新出版的毛边的《音乐入门》④来。我用小刀把书页一张一张地裁开来,你侧着头,站在桌边默默地看。后来我从学校回来,你已经在我的书架上拿了一本连史纸印的中国装的《楚辞》,把它裁破了十几页,得意地对我说;"爸爸!瞻瞻也会裁了!"瞻瞻!这在你原是何等成功的欢喜,何等得意的作品!却被我一个惊骇的"哼!"字喊得你哭了。那时候你也一定抱怨"爸爸何等不明"罢!

软软!你常常要弄我的长锋羊毫,我看见了总是无情地夺脱你。现在你一定轻视我,想道:"你终于要我画你的画集的封面!"

最不安心的,是有时我还要拉一个你们所最怕的陆露沙医生来，教他用他的大手来摸你们的肚子，甚至用刀来在你们臂上割几下，还要教妈妈和漫姑擒住了你们的手脚，捏住了你们的鼻子，把很苦的水灌到你们的嘴里去。这在你们一定认为是太无人道的野蛮举动吧！

孩子们！你们果真抱怨我，我倒欢喜；到你们的抱怨变为感激的时候，我的悲哀来了！

我在世间，永没有逢到像你们这样出肺肝相示的人。世间的人群结合，永没有像你们样的彻底地真实而纯洁。最是我到上海去干了无聊的所谓"事"回来，或者去同不相干的人们做了叫做"上课"的一种把戏回来，你们在门口或车站旁等我的时候，我心中何等惭愧又欢喜！惭愧我为什么去做这等无聊的事，欢喜我又得暂时放怀一切地加入你们的真生活的团体。

但是，你们的黄金时代有限，现实终于要暴露的。这是我经验过来的情形，也是大人们谁也经验过的情形。我眼看见儿时的伴侣中的英雄，好汉，一个个退缩，顺从，妥协，屈服起来，到像绵羊的地步。我自己也是如此。"后之视今，亦犹今之视昔"，你们不久也要走这条路呢！

我的孩子们！憧憬于你们的生活的我，痴心要为你们永远挽留这黄金时代在这册子里。然这真不过像"蜘蛛网落花"略微保留一点春的痕迹而已。且到你们懂得我这片心情的时候，你们早已不是这样的人，我的画在世间已无可印证了！这是何等可悲哀的事啊！

注释

①此信写于1926年圣诞节。
②意思是极度伤心。
③开明书店：1926年8月成立于上海，主要出版当代文学作品和青年读物。丰子恺曾在此书店任编辑。
④《音乐入门》：丰子恺本人著作。

赏析

丰子恺的《给孩子们》写于1926年，可以说是给自己的孩子和广大同龄少年儿童的一封公开信，它曾作为作者漫画集的《代序》，是一篇文学色彩很浓的讴歌儿童的著名书信体散文。

作者饱含着真挚的感情，以一种自然朴素的文风和明白晓畅的语言，赞美了孩子们那天然造就的可爱童心。这种童心是孩子们那种天真直率毫不矫饰的性情和对世界万物毫无偏见的水晶般的真心的自然流露。爱时，就全心全意地去爱；伤心时，就毫无顾忌地去哭；做事时，就全神贯注地去做，甚至外婆买来的泥人，也作为真人一样喂养、哄抱，真可谓有鞠躬尽瘁般的认真。他们全然不知晓世界上有种种虚伪的假象，更不会以大人间所谓"沉默""含蓄""深刻"等等美德去压抑和装饰自己的个性。作者讴歌儿童这身心全部袒露于世间真的本性，目的是对旧社会那种虚假可恶人生世相的强烈否定，表现出作者对现实的极端愤怒，又欲极力超脱的矛盾心情。消除这种矛盾心情的妙方良途，当然无疑是将自己的深沉的爱寄托在这些天真活泼的孩子们身上。孩子们的时代是一个金光灿灿的黄金时代，是漫漫人生旅途上一块绿草茵茵的生命绿洲,更是虚伪现实中一盏长燃不熄的希望明灯。所以全文开首与结尾均喊出"我的孩子们!我憧憬于你们的生活"这句深情的话语,无疑是作者此种心情的最好体现,也总揽了作者创作此文的宗旨。

丰子恺是一位著名的画家,既能大笔勾勒,又能工笔细描,作者正是以画家的手笔来叙写全文。他的三个孩子瞻瞻、阿宝、软软,日常可叙可写的生活素材何止千千万万,如果细细道来,几千字的文章何能容纳!作者却经过提炼,选取几个典型生活情节,叙事状人,涉笔成趣地进行描摹。重点写瞻瞻,写其哭,写其叫,写其争,写其睡,既浓墨重彩,又工笔细描。软软和阿宝略写,只各选择一个典型细节来描写。目的都是突出孩子们的天真,勾画他们活泼可爱的形象。

孩子们的形象勾画得栩栩如生,鲜明生动,固然出于作者画家的大手笔和敏锐的观察力,而作者直接参与议论说理,却将他对孩子们的挚爱之情抒发得淋漓尽致,也使文章的立意更加深入人心。全文的议论占有极大比重,当然这议论不是对枯燥无味的大道理进行高谈阔论,而是落到实处,有感而发,或是夹叙夹议的手法,一个情节的叙述,一个形象的勾画,一个场景的描写,自然引出一番有的放矢的议论。或是对比议论的手法,大人们老于世故虚伪的言行举止和孩子们天真直率的个性进行鲜明比照,在比照中,议论就更为生动,更蕴含生活哲理。如孩子们直率与热情和大人们所谓"沉默""含蓄""深刻"的美德的对比议论,大人们呼号"归自然""生活的艺术化""劳动的艺术化"与孩子们每天做火车、办酒、请菩萨、唱歌等主动创造生活的对比议论等,都颇为精彩,令人深思。

闻一多

闻一多(1899—1946),原名家骅,湖北浠水人。现代著名的诗人、学者和革命民主主义战士。1922年清华大学毕业后,曾赴美留学,其间出版了第一部诗集《红烛》。1925年7月回国后,写了爱国诗歌《长城下的哀歌》《我是中国人》《洗衣歌》等。1928年第二部诗集《死水》出版。同年与徐志摩等创办《新月》杂志。1928年以后,重点研究中国古典文学。先后任武汉大学文学院院长、青岛大学文学院院长兼中文系主任。1932年回清华大学执教,先后发表《诗经新义》《乐府诗笺》《楚辞校补》《唐诗杂论》等。抗战爆发后,随校南迁,任西南联大教授。抗战胜利后,积极参加民主革命斗争,于1946年7月15日被国民党特务暗杀。

闻一多不光是伟大的诗人,也是一位杰出的学者,他是五四运动之后非常杰出的作家。他热爱祖国,爱国主义如同一条红线贯穿他的一生,最后把他引向社会主义,共产主义。他一生的道路是曲折的,他曾经有过迷茫、失误与苦闷,但是经过深思和中国共产党的关怀与帮助,终于找到了真理,而一经找到了真理,他便义无反顾,不屈不挠,勇往直前,为实现真理而英勇奋斗,直至献出宝贵的生命。闻一多博学多才,除新诗与古文学研究外,在美术、戏剧、书法、篆刻等方面也有相当高深的造诣。

> 今日无人作爱国之事,亦无人出爱国之言,相习成风,至不知爱国为何物,有人稍言爱国,必私相惊异,以为不落实与狂妄,岂不可悲!

致父母亲

父母亲大人膝下:近来家内清吉否?念念。连接二哥、五哥①来函,人事俱好,祈勿垂虑。山东交涉及北京学界之举动,迪纯兄②归,当知原委。殴国贼时,清华不在内,三十二人被捕后,始加入北京学界联合会,要求释放被捕学生,此事目的达到后,各校仍逐日讨论进行,各省团体来电响应者纷纷不绝,目下声势甚盛。但傅总长③、蔡校长④之去亦颇受影响。现每日有游行演讲,有救国日刊,各举动积极进行,但取不越轨范以外,以稳健二字为宗旨。此次北京二十七校中,大学虽为首领,而一切进行之完密敏捷,终推清华。国家至此地步,神人交怨,有强权,无公理,全国薏然如梦,或则敢怒而不敢言。卖国贼罪大恶极、横行无忌,国人明知其恶,而视若无睹,独一般学生敢冒不韪,起而抗之。虽于事无大济,然而其心可悲,其志可嘉,其勇可佩。所以北京学界为全国所景仰,不亦宜乎?清华作事,有秩序,有精神,此次成效卓著,亦素所习练使然也。现校内办事机关曰学生代表团,分外务、推行、秘书、会计、干事、纠察六部。现定代表团暑假留校办事。男与八哥均在秘书部,而男责任尤重,万难分身⑤。又新剧社拟于假中编辑新剧,亦男之职务。该社并可津贴膳费十余元，今年暑假可以留堂住宿，费用二十六元，新剧社大约可出半数（前校中拟办暑假补习学校仅中等科，男拟谋一教习，于经费颇有补助。现此事未经外交部批准，所以作罢论），尚须洋十余元。男拟如二哥、五哥可以接济更好，不能，可在友人处通挪，不知两位大人以为何如？本年又拟稍有著作，校中图书馆可以参览，亦一便也。男每年辄有此意，非有他故，无非欲多读书，多作事，且得与朋友共处，稍得切磋之益也。一年未归家，且此年中家内又多变故，二哥久在外，非独二大人愿男等回家一集，即在男等亦何尝不愿回家稍尽温省之责。远客思家，人之情也，虽曰求学求名，特不得已耳。此年中与八哥共处，时谈家务，未尝不太息悲哽，不知忧来何自也。又男每岁回家一次，必得一番感想，因平日在学校与在家中景况大不同，在校中间或失于惰逸，一回想家中景况，必警心惕虑，益自发愤。故每归家，实无一日敢懈怠，非仅为家计问题，即乡村生计之难，风俗之坏，自治之不发达，何莫非作学生者之责任哉？今年不幸有国家大事，责任所在，势有难逃，不得已也。五哥回家，自不待言，二哥如有福建之行，亦可回家。男在此多暇时时奉禀述叙情况，又时时作诗歌奉上，以娱尊怀，两大人虽不见男犹见男也。男在此为国作事，非谓有男国即不亡，乃国家育养学生，岁糜巨万，一旦有事，学生尚不出力，更待谁人？忠孝二途，本非相悖，尽忠即所以尽孝也。且男在校中，颇明大义，今遇此事，犹不能牺牲，岂足以谈爱国？男昧于世故人情，不善与俗人交接，独知读书，每至古人忠义之事，辄为神往，尝自诩吕端大事不糊涂，不在此乎？或者人以为男此议论为大言空谈，如俗语曰"不落实"，或则曰"狂妄"，此诚不然。今日无人作爱国之事，亦无人出爱国之言，相习成风，至不知爱国为何物，有人稍言爱国，必私相惊异，以为不落实与狂妄，岂不可悲！此番议论，原为驷弟发。

感于日寇欺侮中国,愤懑填膺,不觉累牍。驷弟年少,当知二十世纪少年当有二十世纪人之思想,即爱国思想也。前托十哥转禀两大人,新剧社赴汉演戏,男或可乘机回家,现此问题已打消,男必不能回家也。或者下年经济充足,寒假可回家一看。寒假正在阴历年,男未在家度岁已六七年,时常思想团年乐趣,下年必设法回家,即请假在家多住数日,亦不惜也。区区苦衷,务祈鉴宥,不胜惶恐之至!肃此敬请福安。

　　此次各界佩服北京学生者,以其作事稳健。男在此帮忙,决不至有何危险,两大人务放心!

男骅叩
五月十七日下午⑥

注释

①二哥、五哥:指闻家骥、闻家騄。

②迪纯兄:闻一多远房堂兄。

③傅总长:指傅增湘(1872—1949),著名藏书家、版本学家,曾任故宫博物院图书馆馆长,当时任教育总长。

④蔡校长:蔡元培先生。

⑤五四运动爆发后第二天,闻一多被推选为"清华学生团"代表团成员,担任文书工作。六月,又被推选为清华大学学生代表,出席在上海召开的全国学联成立大会。

⑥此信写于1919年5月17日。

赏析

闻一多是现代著名诗人、学者和民主战士。始终如一贯穿在他的作品和他的生命轨迹中的,是一种强烈而又极为深沉的爱国主义精神。他说:"我爱中国固因他是我的祖国,而尤因他是有他那种可敬爱的文化的国家。"这种爱国思想,在学生时代就已深深地植根于他的头脑中,成为闻一多处事待人的准则。

我们选录的这封致父母的家书,写于1919年5月17日,当时作者还是一位二十岁的青年,正在清华读书。此时,正是震惊中外的五四运动爆发不久。闻一多以满腔的爱国热情,全身心地投入这次伟大运动。他成为清华学生代表团成员,负责文书工作,不久又将启程前往上海出席全国学联成立大会。然而随着暑假的逼近,他就不能像往年一样,回湖北浠水老家,与父母家人团聚。父母亲得知此消息后,牵肠挂肚,担心他遭遇不测,再三敦促其回家,于是他写下了这封家书。

信中详细地叙述了五四运动的情况,说明了学生参加这次运动的重大意义,并陈述了因自己承担责任尤重,故万难分身,不能回家的理由。接着又抒发了远客思家、怀念父母的浓郁乡情。最后作者以传统的忠孝观念来说服父母,"忠孝二途,本非相悖,尽忠即所以尽孝也,且男在校中,颇明大义,今遇此事,犹不能牺牲,岂足以谈爱国?"由于这封信是写给长辈的,虽全信喻以民族大义,充溢爱国主旨,但作者很能体察父母思儿心切的心里,故陈词恳切,阐述理由委婉切实,做到了义正而词婉,理明而情笃。

> 是时男寸心怦动,而慈颜远隔感可知也!归而书此,恭祝母亲万福金安!

致母亲

今日为此邦之母日,子女皆有礼物奉赠母亲。且各于衣襟攒上一鲜花,以示孝思。母在者花色红,母亡者花色白。今日居停主妇推户而入,笑容可掬,延男与钱君观其三女所遗之花朵及贺帖。是时男寸心怦动,而慈颜远隔感可知也!归而书此,恭祝母亲万福金安!然花不可寄,贺帖亦不适用。(贺帖书吉语或短诗数句,可由坊间购得,但皆为英文,故不适用)。居停知男为诗人,嘱男自为一诗,奉遗吾母。顾吾作诗即佳,能胜古人?爰录孟东野《游子吟》以表孺怀:

　　慈母手中线,游子身上衣,
　　临行密密缝,意恐迟迟归。
　　谁知寸草心,报得三春晖!

然男更有礼物丰于一切礼物者,则近日有两友见男,一曰"你长胖了",一曰"这里几个人,只有你面色多血色"。男以赤色书此,[①]一以表吾母之寿,犹美国人之佩赤花然。一以示男面之血色,庶吾母观此书,犹对男面耳。书毕复以俗语祝

吾母"寿比南山"!

　　　　　　　　　　男多　自美国芝加哥叩禀
五月十三日[②],即此邦之母日

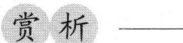

注释

①此信是用红色笔写在粉红色信笺上的。
②此信写于1923年5月13日。

赏析

每年五月的第二个星期天是美国人的母亲节。在这天,美国人佩戴红色或粉红色的花朵。如果母亲去世了,则佩戴白色小花以示孝思;这天也是美国人合家团圆的日子,许多人给他们母亲献一张节日卡片或小礼物。一些人则请他们母亲去饭馆就餐。1923年的母亲节,闻一多正在美国攻读美术、文学、戏剧等。这个异域他乡的节日,撩拨起这位留学一年多的海外游子思乡思母的浓郁情意。因此他按照美国的习俗,选用粉红色信纸,用红笔写下了他对母亲的无尽思念。

闻一多对生他育他的母亲总是抱着深深的敬爱之意。他曾说:"母亲对待儿子总是慈爱的,愿为儿子操劳,忍耐,甚至勇敢的牺牲。从母性出发的真女性是刚强的,具备一切美德如:仁慈、忍耐、勇敢、坚强。"因此当母亲节来临的时候,当美国房东女太太笑容可掬地请他观看女儿送来的礼物时,作者当然会触景生情,因"每逢佳节倍思亲"而寸心怦动。他也送两件丰厚的礼物给母亲。一是手录的孟郊《游子吟》诗,作者虽是诗人,然而唐代诗人孟郊的这首歌颂伟大母爱的诗歌,千百年来脍炙人口,引起无数读者的共鸣。故千言万语地叙说,远不如这三十字的诗来得真切。第二件礼物,即是作者健康的身体。这是母亲最为牵肠挂肚的事。他通过两位朋友对他身体状况

的客观评价,一曰"你长胖了",一曰"这里几个人,只有你面色多血色",以表示他的身体的确健康。这两件送给母亲的礼物真是深厚而别致,表达的方法也同样别致:一是借古人之口,一是借他人之口。于是一片爱的纯情亦在这"借他山之石,攻己之玉"的表达方法中充溢而出,这比直抒胸臆来得更为真实客观。我们可以想象得出,当母亲接到这两件别致的礼物时,一颗悬着的心落地,定然会心花怒放。

冰 心

冰心(1900—1999),原名谢婉莹。原祖籍福建长乐,生于福州。现代著名女作家、翻译家。1923年毕业于燕京大学文科专业,不久去美国威尔斯利女子大学学习英国文学。1926年回国,曾在燕京大学、清华大学任教。新中国成立后曾任中国作协理事、第五届全国政协常委等职。其著作曾被编为《冰心小说散文选集》等,并译有泰戈尔《园丁集》等著作。

> 父亲记否我少时的一夜,黑暗里跑到山上的旗台上去找父亲。一星灯火里,我们在山上下彼此唤着。我一忆起,心中就充满了爱感。如今是隔着我们挚爱的海洋呼唤着了!

致父亲

亲爱的父亲:

  我不愿告诉我的恩慈的父亲,我现在是在病院里;然而尤不愿有我的任何一件事,隐瞒着不叫父亲知道!横竖信到日,我一定已经痊愈,病中的经过,正不妨作记事看。

自然又是旧病了,这病是从母亲来的。我病中没有分毫不适,我只感谢上苍,使母亲和我的体质上,有这样不模糊的连结。血赤是我们的心,是我们的爱,我爱母亲,也并爱了我的病!

前两天的夜里——病院中没有日月,我也想不起来——S女士请我去晚餐。在她小小的书室里,灭了灯,燃着闪闪的烛,对着熊熊的壁炉的柴火,谈着东方人的故事。——一回头我看见一钩新月,从窗外正照着我们;上下两片轻绡似的白云,将她托住。S女士也回顾惊喜赞叹。匆匆的饮了咖啡,披上外衣,一同走了出去。

她指点给我看:那边是织女,那个是牵牛,还有仙女星,猎户星,孪生的兄弟星,王后星,末后她悄然地微笑说:"这些星星方位和名字,我一一牢记住。到我衰老不能行走的时候,我卧在床上,看着疏星从我窗外度过,那时便也和同老友相见一般的喜悦。"她说着起了微喟。月光照着她飘扬的银白的发,我已经微微地起了感触,如何的凄清又带着诗意的句子呵!

我问她如何会认得这些星辰的名字,她说是因为她的弟弟是航海家的缘故,这时父亲已横上我的心头了^①!

记否去年的一个冬夜,我同母亲夜坐,父亲回来的很晚。我迎着走进中门,朔风中父亲带我立在院里,也指点给我看:这边是天狗,那边是北斗,那边是箕星。那时我觉得父亲的智慧是无限的,知道天空缥缈之中,一切微妙的事,——又是一年了!

月光中S女士送我回去,上下的曲径上,缓缓地走着。我心中悄然不怡——半夜便病了。

早晨还起来,早餐后又卧下。午后还上了一课,课后走了出来,天气好似早春,慰冰湖波光荡漾。我慢慢地走到湖旁,临流坐下,觉得又弱又无聊。晚霞和湖波的细响,勉强振起我的精神来,

黄昏时才回去。夜里九时,她们发觉了,立时送我入了病院。

医院是在小山上学校的范围之中,夜中到来看不真切。医生和护士在灯光下注视着我的微微的笑容,使我感到一种无名的感觉。——一夜很好,安睡到了天晓。

早晨绝早,护士抱着一大束黄色的雏菊,是闭璧楼同学送来的。我忽然下泪,忆起在国内病时床前的花了,——这是第一次。

这一天中睡的时候最多,但是花和信,不断地来,不多时便屋里满了清香。玫瑰也有,菊花也有,还有许多不知名的。每封信都很有趣味,但信末的名字我多半不认识。因为同学多了,只认得面庞,名字实在难记!

我情愿在这里病,饮食很精良,调理得又细心。我一切不必自己劳神,连头都是人家替我梳的。我的床一日推移几次,早晨便推近窗前。外望看见礼拜堂红色的屋顶和塔尖,看见图书馆,更隐隐地看见了慰冰湖对岸秋叶落尽,楼台也露了出来。近窗有一株很高的树,不知道是什么名字。昨日早上,我看见一只红头花翎的啄木鸟,在枝上站着,好一会才飞走。又看见一头很小的松鼠,在上面往来跳跃。

从护士递给我的信中,知道许多师长同学来看我,都被医生拒绝了。我自此便闭居在这小楼里,——这屋里清雅绝尘,有加无已的花,把我围将起来。我神志很清明,却又混沌,一切感想都不起。只停在"臣门如市,臣心如水"的状态之中。

何从说起呢?不时听得电话的铃声响:

"……医院……她么?很重要……不许接见……眠食极好,最要的是静养……书等明天送来罢……花和短信是可以的……"

差不多都是一样的话,我倚枕模糊可以听见。猛忆起今夏病

的时候,电话也一样的响,冰仲弟说:

"姊姊么——好多了,谢谢!"

觉得我真是多事,到处叫人家替我忙碌——这一天自半醒半睡中度过。

第二天头一句问护士的话,便是"今天许我写字么?"她笑说:"可以的,但不要写得太长。"我喜出望外,第一封便写给家里,报告我平安。不是我想隐瞒,因不知从哪里说起。第二封便给了闭壁楼九十六个"西方之人兮"的女孩子,我说:

"感谢你们的信和花带来的爱!——我卧在床上,用悠暇的目光,远远看着湖水,看着天空。偶然也看见草地上,图书馆,礼堂门口进出的你们。我如何的幸福呢?没有那几十页的诗,当功课地读。没有晨兴钟,促我起来。我闲闲地背着诗句,看日影渐淡,夜中星辰当着我的窗户;如不是因为想你们,我真不想回去了!"

信和花仍是不断地来。黄昏时护士进来,四顾室中,她笑着说:"这屋里成了花窖了。"我也喜悦地报以一笑。

我素来是不大喜欢菊花的香气的,竟不知她和着玫瑰花香拂到我的脸上时,会这样地甜美而浓烈!——这时趁了我的心愿了!日长昼永,万籁无声。一室之内,惟有花与我。在天然的禁令之中,杜门谢客,过我的清闲回忆的光阴。

把往事一一提起,无一不使我生美满的微笑。我感谢上苍:过去的二十年中,使我一无遗憾,只有这次的别离,忆起有些儿惊心!

B夫人早晨从波士顿赶来,只有她闯入这清严的禁地里。医生只许她说,不许我说。她双眼含泪,苍白无主的面颜对着我,说:"本想我们有一个最快乐的感恩节……然而不要紧的,等你好了,我们另有一个……"

我握着她的手,沉静的不说一句话。等她放好了花,频频回顾的出去之后,望着那"母爱"的后影,我潸然泪下——这是第二次。

夜中绝好,是最难忘之一夜。在众香国中,花气氤氲。我请护士将两盏明灯都开了,灯光下,床边四围,浅绿浓红,争妍斗媚,如低眉,如含笑。窗外严净的天空里,疏星炯炯,枯枝在微风中,颤摇有声。我凝然肃然,此时此心可朝天帝!

猛忆起两句:

> 消受白莲花世界,
> 风来四面卧中央。

这福是不能多消受的!果然,护士微笑的进来,开了窗,放下帘子,挪好了床,便一瓶一瓶的都抱了出去,回头含笑对我说:"太香了,于你不宜,而且夜中这屋里太冷。"——我只得笑着点首。然终留下了一瓶玫瑰,放在窗台上。在黑暗中,她似乎知道现在独有她慰藉我,便一夜的温香不断。

"花怕冷,我便不怕冷么?"我因失望起了疑问,转念我原是不应怕冷的,便又寂然心喜。

日间多眠,夜里便十分清醒。到了连书都不许看时,才知道能背诵诗句的好处,几次听见车声隆隆走过,我忆起:

> 水调歌从邻院度,
> 雷声车是梦中过。

朋友们送来一本书,是

Student's Book of Inspiration

内中有一段恍惚说:

"世界上最难忘的是自然之美,……,有人能增加些美到世上去,这人便是天之骄子。"

真的,最难忘的是自然之美!今日黄昏时,窗外的慰冰湖,银海一般地闪烁,意态何等清寒!秋风中的枯枝,丛立在湖岸上,何等疏远!秋云又是如何的幻丽!这广场上忽阴忽晴,我病中的心情,又是何等的飘忽无着!

沉黑中仍是满了花香,又忆起:

到死未消兰气息,

他生宜护玉精神!

父亲!这两句我不应写了出来,或者会使你生无谓的难过。但我欲其真,当时实是这样忽然忆起来的。

没有这般的孤立过,连朋友都隔绝了,但读信又是怎样的有趣呢?

一个美国朋友写着:

从村里回来,到你屋去,竟是空空。我几乎哭了出来!看见你相片立在桌上,我也难过。告诉我,有什么我能替你做的事情,我十分乐意听你的命令!

又一个写着说:

感恩节近了,快康健起来罢!大家都想你,你长在我们的心里!

但一个日本的朋友写着:

生命是无定的,人们有时虽觉得很近,实际上却是很远。你和我隔绝了,但我觉得你是常常近着我!

中国朋友说:

今天怎么样,要看什么中国书么?

都只寥寥数字,竟可见出国民性——一夜从杂乱的思想中度过。

清早的时候,扫除橡叶的马车声辗破晓静。我又忆起:

　　马蹄隐隐声隆隆,
　　入门下马气如虹。

底下自然又连带到:

　　我今垂翅负天鸿,
　　他日不羞蛇作龙!

这时天色便大明了。

今天是感恩节,窗外的树枝都结上严霜,晨光熹微,湖波也凝而不流,做出初冬天气。——今天草场上断绝人行,个个都回家过节去了。美国的感恩节如同我们的中秋节一般,是家族聚会的日子。

父亲!我不敢说是"每逢佳节倍思亲",因为感恩节在我心中,并没有什么甚深的观念。然而病中心情,今日是很惆怅的。花影在壁,花香在衣,濛濛的朝霭中,我默望窗外,万物无语,我不禁泪下。——这是第三次。

幸而我素来是不喜热闹的,每逢佳节,就想到幽静的地方去。今年此日避到这小楼里,也是清福。昨天偶然忆起辛幼安②的《青玉案》:

　　众里寻他千百度——
　　蓦然回首,
　　那人却在
　　灯火阑珊处。

我随手便记在一本书上,并附了几个字:

明天是感恩节,人家都寻欢乐去了,我却闭居在这小楼里。然而忆到这孤芳自赏,别有怀抱的句子,又不禁喜悦地笑了。

花香缠绕笔端,终日寂然。我这封信时作时辍,也用了一天工

夫。医生替我回绝了许多朋友,我恍惚听见她电话里说:

"她今天看着中国的诗,很平静,很喜悦!"

我便笑了,我昨天倒是看诗,今天却是拿书遮着我的信纸。父亲!我又淘气了!

护士的严净的白衣,忽然现在我的床前。她又送一束花来给我——同时她发觉了我写了许多,笑着便来禁止,我无法奈她何。——她走了,她实是一个最可爱的女子,当她在屋里蹀躞之顷,无端有"身长玉立"四字浮上脑海。

当父亲读到这封信时,我已生龙活虎般在雪中游戏了,不要以我置念罢!——寄我的爱与家中一切的人!我记念着他们每一个!

这回真不写了,父亲记否我少时的一夜,黑暗里跑到山上的旗台上去找父亲。一星灯火里,我们在山上下彼此唤着。我一忆起,心中就充满了爱感。如今是隔着我们挚爱的海洋呼唤着了!亲爱的父亲,再谈罢,也许明天我又写信给你!

女儿莹倚枕 十一,二十九,一九二三。③

注 释

①冰心的父亲名叫谢葆璋,曾任海军军官,参加过甲午海战。
②辛幼安:辛弃疾,字幼安,宋代著名爱国词人。
③冰心原名谢婉莹,此信写于1923年11月29日,此时冰心在美国威尔斯利女子大学学习英国文学。

赏析

这是冰心早年留学美国因病住院时,写给父亲的一封信。正如该信冰仲的"按语"所说:"描写她病中的生活和感受,真是比日记还详。"信中详细地描述了她得病住院时三次落泪的经过,抒发了对父母家乡的无尽思念,歌颂了人与人之间那种美好真挚的爱。作者早年信奉一种"爱的哲学",在这种思想的指导下,她的创作主题是讴歌母爱、童心、亲友之纯情和赞美大自然。这封给父亲的信即是这种爱的哲学的最好体现。虽然曾有许多人批评她的"爱的哲学"是一种逃避现实的空想,但正如人们所说:"在当时的历史条件下,这种哲学既有明显的个性,又是五四时代的产物,是有明显的积极社会作用的。作者歌颂母爱、童心、赞美大自然,本身就是对冷酷、虚伪、呆滞的黑暗现实的冲击。"

这种爱亦如花一般的美丽温馨。因此,全信无论是现实的描述或是往事的追忆,无论是摘引同学朋友的信或是引录古今中外诗人的诗句,总是脱离不了"花",就是三次落泪的经过,也是由鲜花引起的。第一次当护士小姐抱着一大束同学送来的黄色雏菊时,她忽然下泪,忆起国内病时窗前的花了。花带来了同学的友爱,触发了悠悠的乡情。第二次是B夫人从波士顿赶来,送给她一束花,她又潜然泪下,花表示了一种温柔的母爱。第三次是在感恩节中的落泪,因为那时"花影在壁,花香在衣",作者只能孤芳自赏,医院的寂静触动起她"每逢佳节倍思亲"之惆怅。至于描写花的词句和段落,在信中更是屡屡出现。如"信和花仍是不断地来。黄昏时护士进来,四顾室中,她笑着说:'这屋里成了花窖了'。""在众香国中,花气氤氲。我请护士将两盏明灯都开了,灯光下,床边四周,浅绿浓红,争妍斗媚,如低眉,如含笑。"因此花在全信中既是现实景物的描写,也是联络建构全信的情感媒介,更是一种爱的象征。

　　冰心女士的文笔是极其细腻灵秀的,更何况病中的作者的思维那就更加敏感与细致了。所谓此信"比日记还详",正是作者将病中的感受写得极为细腻,纤毫毕现,犹如一幅清秀的工笔画,她从细微处轻轻落笔,静静地将心灵中的温馨情意、淡淡哀伤一丝丝地抽引出来,表现了极高的抒情技巧,造成了一种极为温馨的艺术氛围。这也许是冰心散文之所以吸引人心的主要原因之一吧!

> 我的心舟在起落万丈的思潮中震荡时,母亲!纵使你在万里外,写到"母亲"两个字在纸上时,我无主的心,已有了着落。

致母亲①

亲爱的母亲：②

　　这封信母亲看到时,不知是何情绪。——曾记得母亲有一个女儿,在母亲身畔二十年,曾招母亲欢笑,也曾惹母亲烦恼。六个月前,她竟横海去了。她又病了,在沙穰休息着。这封信便是她写的。

　　如今她自己寂然地在灯下,听见楼下悠扬凄婉的音乐,和栏旁许多女孩子的笑声,她只不出去。她刚复了几封国内朋友的信,她忽然心绪潮涌。是她到沙穰以来,第一次的惊心。人家问她功课如何,圣诞节曾到华盛顿纽约否,她不知所答。光阴从她跟前飞过,她一事无成,自己病着玩。

她如结的心,不知交给谁慰安好。——她倦弱的腕,在碎纸上纵横写了无数的"算未抵人间离别!"直到写了满纸,她自己才猛然惊觉,也不知这句从何而来!

母亲呵! 我不应如此说。我生命中只有"花",和"光",和"爱";我生命中只有祝福,没有诅咒。——但些时的怅惘,也该觉着罢! 些时的悲哀而平静我思潮,永在祝福中度生活的我,已支持不住。看! 小舟在怒涛中颠簸,失措的舟子,抱着樯杆,哀唤着"天妃"的慈号。我的心舟在起落万丈的思潮中震荡时,母亲! 纵使你在万里外,写到"母亲"两个字在纸上时,我无主的心,已有了着落。

一月十夜

昨夜写到此处,护士进来催我去睡。当时虽有无限的哀怨,而一面未尝不深幸有她来阻止我,否则尽着我往下写,不宁的思潮之中,不知要创造出怎样感伤的话来!

母亲! 今日沙穰大风雨,天地为白,草木低头。晨五时我已觉得早霞不是一种明媚的颜色,惨绿怪红,凄厉得可怖! 只有八时光景,风雨漫天而来! 大家从廊上纷纷走进自己屋里,拼命地推着关上门窗。白茫茫里,群山都看不见了。急雨打进窗纱,直击着玻璃,从窗隙中溅了进来。狂风循着屋脊流下,将水筒中积雨,吹得喷泉一般的飞洒。我的烦闷,都被这惊人的风雨,吹打散了。单调的生活之中,原应有个大破坏。——我又忽然想到此时如在约克逊舟上,太平洋里定有奇景可观。

我们的生活是太单调了,只天天随着钟声起卧休息。白日的生涯,还不如梦中热闹。松树的绿意总不改,四围山景就没有变迁了。我忽然恨松柏为何要冬青,否则到底也有个红白绿黄的更换点缀。

　　为着止水般无聊的生活,我更想弟弟们了!这里的女孩子,只低头刺绣。静极的时候,连针穿过布帛的声音,都可以听见。

　　我有时也绣着玩,但不以此为日课;我看点书,写点字,或是倚栏看村里的小孩子,在远处林外溜冰,或推小雪车。有一天静极忽发奇想,想买几挂大爆仗来放放,震一震这寂寂的深山,叫它发空前的回响。——这里,做梦也看不见爆仗。我总想得个发响的东西玩玩。我每每幻想有一管小手枪在手里,安上子弹,抬起枪来,一扳,砰的一声,从铁窗纱内穿将出去!要不然小汽枪也好……但这至终都是潜伏在我心中的幻梦。世界不是我一个人的,我不能任意的破坏沙穰一角的柔静与和平。

　　母亲!我童心已完全来复了。在这里最适意的,就是静悄悄的过个性的生活。人们不能随便来看,一定的时间和风雪的长途都限制了他们。于是我连一天两小时的无谓的周旋,有时都不必作。自己在门窗洞开,阳光满照的屋子里,或一角回廊上,三岁的孩子似的,一边忙忙的玩,一边呜呜的唱。有时对自己说些极痴骏的话。休息时间内,偶然睡不着,就自己轻轻的为自己唱催眠的歌。——一切都完全了,只没有母亲在我旁边!

　　一切思想,也都照着极小的孩子的径路奔放发展:每天卧在床上,护士把我从屋里推出廊外的时候,我仰视着她,心里就当她是我的乳母,这床是我的摇篮。我凝望天空,有三颗最明亮的星星。轻淡的云,隐起一切的星辰的时候,只有这三颗依然吐着光芒。其中的一颗距那两颗稍远,我当他是我的大弟弟,因为他稍大些,能够独立了。那两颗紧挨着,是我的二弟弟和小弟弟。他两个还小一点,虽然自己奔走游玩,却时时注意到其他的一个,总不敢远远跑开。他们知道自己的弱小,常常是守望相助。

这三颗星总是第一班从暮色中出来,使我最先看见;也是末一班在晨曦中隐去。在众星之后,和我道声"暂别"。因此引起了我的爱怜系恋,便白天也能忆起他们来。起先我有意在星辰的书上,寻求出他们的名字。时至今日,我不想寻求了。我已替他们起了名字。他们的总名是"兄弟星",他们各颗的名字,就是我的三个弟弟的名字。

小弟弟呵,
我灵魂中三颗光明喜乐的星。
温柔的,
无可言说的,
灵魂深处的孩子呵!

——《繁星》四

如今重忆起来,不知是说弟弟,还是说星星!——自此推想下去。静美的月亮,自然是母亲了。我半夜醒来,开眼看见她,高高地在天上,如同俯着看我,我就欣慰,我又安稳地在她的爱光中睡去。早晨勇敢的灿烂的太阳,自然是父亲了。他从对山的树梢,雍容尔雅的上来,他又温和又严肃地对我说:"又是一天了!"我就欢欢喜喜地坐起来,披衣从廊上走到屋里去。

此外满天的星宿,那是我的一切亲爱的人。这样便同时爱了星星,也爱了许多姊妹朋友。——只有小孩子的思想是智慧的,我愿永远如此想;我也愿永远如此信!

窗外仍是狂风雨,我偶然忆起一首诗:题目是《小神秘家》,是Louis Untermeyer 做的,我录译于下;不知当年母亲和我坐守风雨的时候,我也曾说过这样如痴如慧的话没有?

大意是：

> 我的困倦的儿子和我，
> 很暖和的相挨的坐着，
> 凝望着薄暮天空，
> 风雨正要来到。
> 没有隆隆的雷响，
> 西风也不着意的吹；
> 只在屯积的浓云中，
> 有电光闪烁。
> 这时他低声对我说："父亲，看看：
> 我想上帝要点上他的月亮了——"
> "孩子，什么时候呢……""呀，快了。
> 我看见他划了取灯儿！"

风雨仍不止。山上的雪，雨打风吹，完全融化了。下午我还要写点别的文字，我在此停住了。母亲，这封信我想也转给小朋友们看一看，我每忆起他们，就觉得欠他们的债。途中通讯的碎稿，都在闭璧楼的空屋里锁着呢。她们正百计防止我写字，我不敢去向她们要。我素不轻许愿，无端破了一回例，遗我以日夜耿耿的心；然而为着小孩子，对于这次的许愿，我不曾有半星儿的追悔。只恨先忙后病的我对不起他们。——无限的乡心，与此信一齐收束起，母亲，真个不写了，海外山上养病的女儿，祝你万万福！

一，十一，一九二四，青山，沙穰。

注 释

①此信与前面所选的《致父亲》的信,均选自于冰心的《寄小读者》。《寄小读者》是冰心赴美留学时写的一本散文集。
②冰心的母亲名叫杨福慈。

这封《致母亲》的信是冰心在1924年在美国沙穰疗养时写的。它和前面所选录的《致父亲》等二十几篇通信,编辑成了《寄小读者》书信散文集,在我国现代文学史上产生过重大影响,也是冰心的主要代表作之一。

我们前面说过,"母爱"是冰心文学创作所歌吟的重要主题。她将母爱比作是世界上最"慈怜温柔的恩福"(《南归》)。所以一提起母亲,这位海外游子就激动不已,感情亦如火山般地爆发,提笔行文,那惯常所表现的淡淡哀伤的文风都瞬然不见了,"母亲啊!……我生命只有'花',和'光',和'爱';……看!小舟在怒涛中颠簸,失措的舟子,抱着樯杆,哀唤着'天妃'的慈号。我的心舟在起落万丈的思潮中震荡时,母亲!纵使你在万里外,写到'母亲'两个字在纸上时,我无主的心,已有了着落"。接着是描写第二天沙穰的大风雨。且莫说这种暴风雨的场面是写得如何生动,这种"天地为白,草木低头"的情景,似乎和作者此时此地的心境最为合拍,是一种对母亲思念至极而掀起感情狂澜的最好宣泄。信中那种使人目不暇接极尽景物情态的动态描述和急促节奏的语句,使我们似乎触摸到了作者心灵的震颤。客观景物与主观心情是如此的相契相映,情与景的浑然一体,就是我们通常称为情景交融的艺术手法。

当然，经过一段时期的暴风雨之后，沙穰一角又恢复了柔静与和平；同样经过一段时期的感情的狂涛大起大落、大开大合之后，正如信中所说："我的童心已经恢复了。"那淡淡的哀伤、那诗一般的意境又出现了。她将三颗在轻淡的云中闪现的明星比作自己的三个小弟弟，将静美的月亮比作母亲，那灿烂的太阳自然是父亲了。在这里，作者将自己爱的思念布施于日月星辰中，又从他们的身上吸收到欢乐与适意，从而更坚定了爱的力量。这正如人们所说，是冰心爱的哲学的反映，也是她女性善良柔肠的体现。

所以，在冰心的笔下，在碧海青天中那毫无生命的日月星辰似乎都拟人化了，他们都充满着勃勃生机和丰富的情感。她是这样来描写三颗星星的："我凝望天空，有三颗最明亮的星星。轻淡的云，隐起一切的星辰的时候，只有这三颗依然吐着光芒。其中的一颗距那两颗稍远，我当他是我的大弟弟，因为他稍大些，能够独立了。那两颗紧挨着，是我的二弟弟和小弟弟。他两个还小一点，虽然自己奔走游玩，却时时注意到其他一个，总不敢远远跑开。"她又这样将太阳比作父亲的："早晨勇敢的灿烂的太阳，自然是父亲了。他从对山的树梢，雍容尔雅的上来，他又温和又严肃的对我说，'又是一天了'！"这种人与日月星辰的对应，人与物的同化所唤起的华彩纷呈的意趣，当然比前面所述的情与景的交融要更进一步，也带来了形与意的水乳交融般的汇通，更传递着一种幽雅深远的诗一般的神妙意境。作者是诗人，更是散文大家，她在众多的散文中，总喜欢用诗一般的语言，渲染着诗一般的氛围，造就出诗一般的意境。此信亦可作如是观。

石评梅

石评梅(1902—1928),原名汝璧,因酷爱梅花,自号评梅。山西平定人。早年毕业于太原第一女师。1920年就读于北京女子高等师范学校体育音乐系,并积极从事文学创作。在校时与高君宇结识,后两人相恋。毕业后担任师大附中女子部学级主任、体育和国文教师。曾参与编辑《晨报》副刊《妇女月刊》和《世界日报》副刊《蔷薇周刊》的工作。其早期作品具有浪漫主义特色,晚期作品则注重社会现实,倾向革命,出版有短篇小说和散文合集《涛语》,散文集《偶然草》。有《石评梅作品集》(3卷)编辑出版。

> 在这冷墟上,你的坟墓上,培植我用血泪浇洒的这束野花来装饰点缀我们自己创造下的生命。

寄给黄泉路上的高君宇①

我如今是更冷静,更沉默的挟着过去的遗什去走向未来的。我四周有狂风,然而我是掀不起波澜的深潭;我前边有巨涛,然而我是激不出声响的顽石。

颠沛搏斗中我是生命的战士,是极勇敢,极郑重,极严肃的向未来的城垒进攻的战士。我是不断地有新境遇,不断的有新生命的;我是为了真实而奋斗,不是追逐幻想而疲奔的。

知道了我的走向人生的目标。辛,一年来我虽然有不少的哀号和悲忆,你也不须为生的我再抱遗恨和不安。如今我是一道舒畅平静向大海去的奔流;纵然缘途在山峡巨谷中或许发出凄痛的呜咽!那只是积沙岩石漩涡冲击的原因,相信它是会得到平静的,会得到创造真实生命的愉快的,它是一直奔到大海去的。

辛!你的生命虽不幸早被腐蚀而夭逝,不过我也不过分的再悼感你在宇宙间曾存留的幻体。我相信只要我自己生命闪耀存在于宇宙一天,你是和我同在的。辛!你要求于人间的,你希望于我自己的,或许便是这些罢!

深刻的情感是受过长久的理智的熏陶的。是由深谷底潜流中一滴一滴渗透出来的。我是投自己于悲剧中而体验人生的。所以我便牺牲人间的一切虚荣和幸福,在这冷墟上,你的坟墓上,培植我用血泪浇洒的这束野花来装饰点缀我们自己创造下的生命。辛!除了这些我不愿再告你什么,我想你果真有灵,也许赞助我一样的努力。

一年之后,世变几迁,然而我的心是依然这样平静冷寂的,抱持着我理想上的真实而努力。有时我是低泣,有时我是痛苦;低泣,你给与我的死寂;痛哭,你给与我的深爱。然而有时我也很快乐,我也很骄傲。我是睥视世人微微含笑,我们的圣洁的高傲的孤清的生命是巍然峙立于皑皑的云端。

生命的圆满,生命的圆满,有几个懂得生命的圆满?那一般庸愚人的圆满,正是我最避忌恐怖的缺陷。我们的生命是肉体和骨头吗？假如我们的生命是可以毁灭的幻体,那么,辛!我的这颗迂回潜隐的心,也早应随你的幻体而消逝。我如今认识了一个完成的圆满生命是不能消灭,不能丢弃,不能忘记;换句话说,就是永远存在,多少人都希望我毁灭,丢弃,忘记,把我已完成的圆满生命抛去,我终于不能。才知道我们的生命并未死,仍然活着,向前走着,在无限的高处创造建设着。

我相信你的灵魂,你的永远不死的心,你的在我心里永存的生命;是能鼓励我,指示我,安慰我,这孤寂凄清的旅途。我如今是愿挑上这副担子走向遥远的黑暗的,荆棘的生到死的道上。一头我挑着已有的收获,一头我挑着未来的耕耘,这样一步一步走向无穷的。

自你死后,我便认识了自己,更深的了解自己。同时朋友中是贤最知道我,他似乎这样说过:

"她生来是一道大江,你只应疏凿沙石让她舒畅的流入大海,断不可堵塞江口,把水引去点缀帝王之家的宫殿楼台。"

辛!你应该感谢他!他自从由法华寺②归路上我晕绝后救护起,一直到我找到了真实生命;他都是启示我,指导我,帮助我,鼓励我。由积沙岩石的漩涡波涌中,把我引上了坦平的海道。如今,我能不怨愤,不悲哀,没有沉重的苦痛永远缠绕的,都是因为我已有了奔流的河床。只要我平静的舒畅的流呵,流呵,流到一个归宿的地方去,绝无一种决堤泛滥之灾来阻挠我。

辛!你应感谢他!你所要在死后希望我要求我努力的前途,都是你忠诚的朋友,他一点一滴的汇聚下伟大的河床,帮助我移我的泉水在上边去奔流,无阻碍奔向大海去的。像我目下这样夜静时的心情,能这样平淡的写这封信给你,那你也会奇怪;我罢!我已不是从前呜咽哀号,颓丧消沉的我;我是沉默深刻,容忍涵蓄一切人间的哀痛,而努力去寻求生命的真确的战士。

我不承认这是自骗的话。因为我的路是这样自然,这样平坦的走去的。放心!你别我一年多,而我能这般去辟一个理想的乐园,也许是你惊奇的罢!

你,宁愿意知道一点,关于弟弟③的消息,前三天我忽然接到他一封信,他现在是被你们那古旧的家庭囚闭着,所以他已失学一年多了。这种情形,自然你会伤感的,假如你要活着,他绝对不能受这样的苦痛,因为你是能帮助他脱却一切桎梏而创造新生命的。如今他极愤激,和你当日同你家庭暗斗的情形一样。而我也很相信静弟是能觅到他的光明的前途的,或者尔所企望的一切事业志愿,他都能给你有圆满的完成。他的信是这样说的:

"自别京地回家之后,实望享受几天家庭的乐趣,以慰我一年来感受了的苦痛。谁知我得到的,是无限量的烦恼!

"我回来的时候,家中已决定令我废学,及我归后,复屡次向我表示斯旨,我虽竭词解释,亦无济于事。

"读姊来信,说那片荒凉的境地,也被践踏蹂躏而不得安静,我更替我黄泉下的哥哥愤激!不料一年来的变迁,竟有如斯其悲惨!

"一切境遇,一切遭逢,皆足以使人伤心掉泪!

"我希望于家庭的,是要藉得他来援助完成我的志愿,我的事业;但家庭则不然。他使我远近游学的一点心迹,是希望我猎得一些禄位金钱来光荣祖墓家风。这些事我们青年人看起来,就是头衔金冠银裹满身,那也算不了什么稀奇的光荣!我每想到环境的压迫,但愿一死为快。但是到了死的关头,好像又有许多不忍的观念来掣肘似的。我不愿死,我死固不足惜,但我死而一切该死的人

不能竟行死去。我将以此不死的躯骸，向着该死的城垒进攻！

"我现在的希望已绝，但我仍流连不忍即离去者；实欲冀家庭之能有一时觉悟，如我心愿亦未可定！如或不然，我将决于明年为行期，毅然决然的要离开他，远避他，和他行最后决裂的敬礼！

"愿你勿为了一切黑暗的，荆棘的环境愁烦！我们从生到死的途径上，就像日的初升纵然有时被浮云遮蔽，仍然是要继续发光的。

"我们走向前去吧！我们走向前去吧！环境的阻挠在我们生命的途中，终于是等若浮云。"

辛！是残月深更，在一个冷漠枯寂的初冬之夜，我接读静弟这封依稀是你字迹，依稀是你语句的信。久不流的酸泪又到了眶边，我深深地向你遗像叹息！记得静弟未离京时，他曾告过贤以他将来前途的黯淡，他那时便决心要和家庭破裂。是我和贤婉劝他，能用善良的态度去感化而有效时，千万不要和家庭破裂。因为思想的冲突，是环境时代不同的差别之争。应该原谅老年人们的陈腐思想，是一时代中的产物；并不是他对于子女有意对垒似的向你宣战。因之，能辗转委婉去和家庭解释，令他能觉悟到什么是现代青年人应做的工作，自我的警策。令他知道我们青年人，绝对再不能为古旧的家庭或社会作涂饰油彩的机械傀儡。父母年老，假如一旦你的消息泄漏④，静弟再远走愤去，那你们家庭的惨淡，黑暗，悲痛，定连目下都不如，这也不是你的愿意和静弟的希望罢！所以我一直都系念着静弟，那最后决裂的敬礼。

认识我们，和我们要好的朋友，现在大半都云散四方，去创造追求各个的生命希望去了。只有你的贤哥，和我的晶妹，还在这块你埋骨的地方，伴着你。朋友们都离京后，时局也日在变幻，陷入死境,要找寻前二年的那种环境和兴趣已不可得。所以连你坟头都那样凄寂。去年那些小弟弟们,知道你未曾见过你的朋友们,他们都是常常在你的墓畔喝酒野餐,痛哭高歌的。帮助我建碑种树修墓的都是他们。如今,连这个梦也闭幕了。你墓头不再有那样欢欣,那样热闹的聚会了。他们都走向远方去了。

自从那块地方驻兵后,连我都不敢常去。任你墓头变成了牧场,牛马践踏蹂躏了你的墓砖,吃光了环绕你墓的松林,那块白石的墓碑上有了剥蚀的污秽和伤痕。我们不幸在现代作人受欺凌不能安静,连你作鬼的坟茔都要受意外的灾劫;说起来真令人愤激万分⑤。辛!这世界,这世界,四处都是荆棘,四处都是刀兵,四处都是喘息着生和死的呻吟,四处都洒滴着血和泪的遗痕。我是撑着这弱小的身躯,投入在这腥风血雨中搏战着走向前去的战士。直到我倒毙在旅途上为止。

我并不感伤一切既往,我是深谢着你是我生命的盾牌;你是我灵魂的主宰。从此我是自在的流,平静的流,流到大海的一道清泉。辛!一年之后,我在辗转哀吟,流连痛苦之中,我能告诉你的,大概只有这些话。你永久的沉默死寂的灵魂呵!我致献这一篇哀词于你吐血的周年这天。

注 释

①原题是《缄情寄向黄泉》。该文是石评梅在高君宇逝世一周年后写的书信体散文,发表在1926年11月23日《世界日报》副刊《蔷薇周刊》上。文中的"辛",即天辛,指高君宇,石评梅纪念高君宇的文章,均以天辛指代高君宇。

②当时高君宇的灵柩在此。

③弟弟：指高君宇弟弟高全德。当时他的父亲令高全德弃学从商。高全德在《忆评梅》一文中说："父亲提出要我弃学经商，这本是不合我意愿的事，使我悲伤中更增添了苦恼。评梅为此几次来信劝我，要我像君宇那样，谋取稳妥的办法，千万不要和家庭破裂。"

④高君宇逝世后，为了不致突然刺激到高君宇父母，石评梅和高君宇弟弟高全德商定，决定暂时将高君宇逝世的消息隐瞒下来，仍像往常一样按期投送假信。

⑤张作霖进占北京后，曾将埋葬高君宇之地——陶然亭一带作了牧马场。

赏析

在君宇在红叶上题诗向评梅表白爱意后，评梅虽然委婉地拒绝了君宇的爱，但她久闭的心扉逐渐地向君宇打开。而两颗相恋的心真正碰撞起最耀眼的爱情火花，却是在君宇生命的最后时刻。评梅在病榻前对生命垂危的君宇说："你假如仅仅是承受我的心时，现在我将这颗心双手献在你面前，我愿它永久用你的鲜血滋养，用你的热泪灌溉。"然而用鲜血和热泪滋养灌溉这颗爱心的却是评梅自己。在这次爱情表白后不久，君宇即以29岁的青春年华告别了人世。这时的评梅才深深地感到，她是多么爱恋着君宇，她已将他作为生命的盾牌、灵魂的主宰而彼此不能分离了。但是斯人已逝，一抔黄土掩埋了她刻骨铭心的英雄侠骨，广漠的宇宙充溢着她无限的哀思。她只有把融汇她全部情感和整个身心的杜鹃啼血般的眼泪，尽情地浇洒在陶然亭畔君宇的墓前：

我是宝剑，我是火花，

石评梅
寄给黄泉路上的高君宇

  我愿生如闪电之耀亮，

  我愿死如彗星之迅忽。

  这是君宇生前自题像中的几句话，死后评梅替他刊在碑上。

  君宇逝世后一周年，评梅也以同样的深情写下了我们选录的这封书信，祭献给她生生死死的恋人。信中诉说了一年来作者心情的转化和世态的变迁。这是一篇催人泪下的墓畔哀思，更是一阕柔肠寸断的深沉挚爱的心曲。她把至死不变的思念、铭心镂骨的哀痛和无边无涯的忏悔都寄寓在这浓墨重彩的字里行间，全信以直抒胸臆为主要特色，但这种感情的抒发却呈现得如此多姿多彩：时而如九曲回旋的涓涓清流，如泣如诉，那是生者与死者的灵魂静静交流；时而如冲天而起的高潮大浪，汹涌澎湃，那是撕心裂肺、悔恨千古的感情大爆发。因此，我们读到的是泪，读到的是血，读到的是似水柔情和万缕的思念！真是惊天地、泣鬼神，蕴含着一种令人魂魄震颤的悲剧美的艺术魅力。

  就是这追怀远逝英灵的高尚而近乎神圣的情感，几乎编织成君宇死后评梅那步履沉沉的人生历程。她就这样写了三年，一篇篇深情的诗文从心底流出，向这一抔黄土致不尽的怀念与哀悼；她就这样哭了三年，无论是冬雪秋风之际，或是春雨夏日之时，只要是节假日，那碧草萋萋的君宇墓畔，总是站着洁志素心的评梅，那祭献的泪水浇绿了墓旁的松柏，使其永远翠青不凋！最后她的笔停了，泪干了，1928年9月29日，评梅因患脑病，追随君宇而去了。真是"才如江海命如丝，一抔净土掩风流！"也许老天也为这千古不遇的爱情所感动，硬要以同样一种千古不遇的巧合，为高、石爱情添上最后一抹悲剧色彩。评梅和君宇一样，也是在协和医院停止了最后一息，也寄灵在同样一处寺庙里，更同样埋葬在陶然亭湖畔！实现了评梅"生前未能相依共处，愿死后得并葬荒丘"的遗愿。红花枯萎，宝剑葬埋，这首千古之爱情绝唱，降下了沉重的帷幕！

从此后,北京美丽如画的陶然亭畔,在翠松掩映之下,在如茵碧草之上,高、石之墓并排而立,香魂侠骨紧紧相依,一对墓碑如宝剑出鞘,直指苍穹!这记载着一曲凄艳动人的爱情故事的青冢哟,引来多少纷织如云的凭吊者!无论是白发老翁,还是青涩少年,都会触发起多少绵绵不尽的情愫与幽思!

邓颖超曾说:"我和恩来同志对高君宇同志和石评梅女士的相爱非常倾慕,但他们没有实现结婚的愿望,却以君宇同志不幸逝世的悲剧告终,深表同情……缅怀之思,至今犹存。"

真是"天长地久有时尽,此恨绵绵无绝期"!

陈　觉

陈觉(1903—1928),原名炳祥,号秉强,湖南醴陵人。1924年在醴陵县中学习时,加入中国社会主义青年团。1925年转为中国共产党。同年9月赴苏联莫斯科中山大学学习。1927年9月回国后,在醴陵领导农民武装斗争。1928年10月由于叛徒告密被捕,10月14日在长沙英勇就义。

> 我们正是为了救助全中国人民的父母和妻儿,所以牺牲了自己的一切。我们虽然是死了,但我们的遗志自有未死的同志来完成。

就义前给妻子的遗书

云霄①我的爱妻：

这是我给你的最后的信了,我即日便要处死了,你已有身,不可因我死而过于悲伤。他日无论生男或生女,我的父母会来扶养他的。我的作品以及我的衣物,你可以选择一些给他留作纪念。

你也迟早不免于死,我已请求父亲把我俩合葬。以前我们都

不相信有鬼,现在则惟愿有鬼。"在天愿为比翼鸟,在地愿为并蒂莲,夫妻恩爱永,世世缔良缘。"回忆我俩在苏联求学时②互相切磋,互相勉励,课余时闲谈琐事,共话桑麻,假期中或滑冰或避暑,或旅行或游历,形影相随。及去年返国后,你路过家门而不入,与我一路南下,共同工作。你在事业上学业上所给我的帮助,是比任何教师任何同志都要大的,尤其是前年我本已病入膏肓,自度必为异国之鬼,而幸得你的殷勤看护,日夜不离,始得转危为安。那时若死,可说是轻于鸿毛,如今之死,则重于泰山了。

前日父亲来看我时还在设法营救我们,其诚是可感的,但我们宁愿玉碎却不愿瓦全。父母为我费了多少苦心才使我们成人,尤其我那慈爱的母亲,我当年是瞒了她出国的。我的妹妹时常写信告诉我,母亲天天为了惦念她的远在异国的爱儿而流泪,我现在也懊悔此次在家乡工作时竟不曾去见她老人家一面,到如今已是死生永别了。前日父亲来时我还活着,而他日来时只能看到他的爱儿的尸体了。我想起了我死后父母的悲伤,我也不觉流泪了。云!谁无父母,谁无儿女,谁无情人,我们正是为了救助全中国人民的父母和妻儿,所以牺牲了自己的一切。我们虽然是死了,但我们的遗志自有未死的同志来完成。"大丈夫不成功便成仁",死又何憾。此祝

健康并问

王同志③好

觉 手书

一九二八、一〇、一〇④

陈 觉
就义前给妻子的遗书

注 释

①云霄:陈觉妻子赵云霄。
②1925年陈觉与赵云霄同赴苏联中山大学学习,并结婚。
③王同志:王希闵烈士,与陈觉同时牺牲。
④此信写于1928年10月10日,四天后陈觉英勇就义。

赏 析

这是陈觉牺牲前四天,写给也被关在狱中的妻子赵云霄的绝笔。这是一封生离死别的信,夫妻双双都知道自己必死无疑,但信中看不出有丝毫悲观、绝望,有的只是陈觉对爱情的坚贞不渝和宁为玉碎不为瓦全的革命情操。

信一开始,作者即以十分镇静的态度来交代自己后事的处理。接着又采取了追忆的手法,十分细腻地回忆往昔夫妻二人美好的爱情生活。在苏联,两人形影相随,共同求学。归国后两人一起南下,参加革命。病重中,妻子日夜不离,殷勤看护。这种细致的描写和层次井然的叙述,十分深刻地表达了二人真挚的感情。然后又写父亲为营救他们四方奔走,母亲因思念爱儿而老泪纵横。到此,作者平静叙述的笔调戛然中止,想起父母爱妻将为自己的死去而悲痛欲绝,这位视死如归的钢铁汉子亦不免流泪了,感情在此刻像火山一样爆发。议论是那样警策动人,气贯长虹:"云!谁无父母,谁无儿女,谁无情人,我们正是为了救助全中国人民的父母和妻儿,所以牺牲了自己的一切。我们虽然是死了,但我们的遗志自有未死的同志来完成。"这是革命志士之所以敢于含笑赴死的底蕴所在,也是全信的精髓所在!是作者纯洁感情的自然流露,更是他伟大人格的体现。所以该信是一篇血泪交融的文章,它不假辞藻去刻意求工。全信以叙述为主,直抒胸臆,尽吐为快,很能震撼读者的心灵。

谢晋元

谢晋元(1905—1941),字中民,广东镇平县(今蕉岭)人。黄埔军校第四期毕业。曾参加北伐战争。抗日战争爆发时,任国民党政府军第八十八师第二六二旅参谋主任、副团长,驻防上海,率八百壮士孤军坚守上海四行仓库,与日军展开血战,给日军以重创。1941年4月24日被害。

> 大丈夫光明而生,亦必光明磊落而死。男对死生之义,求仁得仁,泰山鸿毛二旨熟虑之矣!今日纵死,而男之英灵必流芳千古。

给父母亲的信

双亲大人尊鉴:

上海情势日益险恶,租界地位能否保持长久,现成疑问。敌人劫夺男之企图,据最近消息势在必得。敌曾向租界当局要求引渡未果,但野心仍未死,且有不惜任何代价,必将谢团长劫到虹口(敌军根据地),只要谢团长答允合作,任何位置均可给予云云。似此劫夺为欲迫男屈节,视此为敌作牛马耳。大丈夫光明而生,亦必光明磊落而死。男对死生之义,求仁得仁①,泰山鸿毛②二旨熟虑之矣!今日纵死,而男之英灵必流芳千古。故此日险恶之环境男从未顾及,如敌劫持之日,即男成仁之时。人生必有一死,此时此境而死,实人生之快事也。唯今日对家庭不能无一言:万一不讳,大人切勿悲伤,且应闻此讯以自慰。大人年高,家庭原非富有,可将产业变卖以养余年。男二子女渐长,必使其入学,平时应严格教养,使成良好习惯。幼民姊弟均富天资,除教育费得请政府补助外,大人□③应宜刻苦自励不轻受人分毫,男尸如觅获,应归葬抗战阵亡将士公墓,此函俟男殉国后即可发表,亦即男预立之遗嘱也。

男晋元 谨上廿八年④九一八于上海孤军营

注释

①求仁得仁:语出《论语·述而》:"求仁得仁,又何怨?"此句在这里的意思是为抗日而死,心甘情愿,死得其所。

②泰山鸿毛:司马迁《报任安书》:"人固有一死,或重于泰山,或轻于鸿毛。"

③□:此字辨不清。

④廿八年:民国二十八年,即公元1939年。

赏析

谢晋元是名震中外的抗日爱国将领。1937年8月13日,日本侵略军向

谢晋元
给父母亲的信

上海大举进攻,中国军队奋起反击。10月26日,陆军第八十八师第二六二旅第五二四团一营官兵在副团长谢晋元的率领下,据守上海四行仓库,抗击日寇,孤军坚守四昼夜,浴血奋战,毙敌百余,伤敌无数,在中国抗日战争史上书写了光辉的一页。谢晋元和他率领的军队,也被称为"八百壮士"而荣载史册。10月31日,谢晋元率部退入上海公共租界,即被上海租界局羁禁。日伪军多次利诱,都遭到谢晋元严词拒绝。鉴于如此险恶环境,恐日后遭敌毒手,谢晋元写下这封家书寄给父亲谢发香、母亲李氏。并将此信作为遗嘱,以示誓死报效祖国之决心。

信中的内容可分两部分:一是在敌人威逼利诱下,谢晋元抱着必死之决心,坚决做到"大丈夫光明而生,亦必光明磊落而死"。谈的是民族大义,抒的是爱国豪情。二是交代父母、子女在他死后的一些后事。希望父母在他死后,可变卖产业,颐养天年,希望子女要好好读书,刻苦自励。谈的是家事私事,抒的是父母儿女之深情。由此而见,这短短的一封家书,将国事、家事、私事,爱国豪情与儿女情长统统融于一体,汇于一纸。因此在这诀别的字里行间既充溢着一位爱国志士以身许国、威武不屈、死而无憾的浩然正气,亦表现了一位爱国军人爱父母爱子女的挚情。这正是本信感人的主要原因。

任弼时

任弼时(1904—1950),原名培国,湖南湘阴人。中国无产阶级革命家。1920年加入中国社会主义青年团。1921年赴莫斯科学习。1922年转入中国共产党。1924年归国后,当选为共青团中央执行委员,先后任团中央组织部主任、团中央总书记。长征中任红二方面军政委,同张国焘分裂主义进行了坚决斗争。抗日战争爆发后,任八路军总政治部主任。1938年到莫斯科任中共驻共产国际代表团团长。1940年回延安后,任中共中央秘书长。解放战争时期,协助毛泽东指挥西北和全国的解放战争,并参与制定中华人民共和国成立前后许多重要政策。1949年被选为中国新民主主义青年团中央名誉主席。1950年10月27日在北京逝世。

任弼时同志在中国共产党创建几个月时就成为党员,此后他以钢铁般的意志和刻苦耐劳的精神奋斗近30年。他虽英年早逝,其精神却在党内影响至深。叶剑英同志评价他说:"他是我们党的骆驼,中国人民的骆驼,担负着沉重的担子,走着漫长的艰苦的道路,没有休息,没有享受,没有个人的任何计较。他是杰出的共产主义者,是我们党最好的党员,是我们的模范。"

> 自后儿当努力前图，必使双亲稍得休闲度日，方足遂我一生之愿。

给任思度的信①

父亲大人膝下：

前几天接到四号手谕，方知大人现已到省，身体健康，慰甚。千里得家书，固属喜极，然想到大人来省跋涉的辛苦，不能说是非为衣食的奔走所致，若是，儿心不觉顿寒！捧读之余，泪随之下！连夜不安，寝即梦及我亲，悲愁交集，实不忍言。故儿每夜闲坐更觉无聊。常念大人奔走一世之劳，未稍闲心休养，而家境日趋窘迫，负担日益增加，儿虽时具分劳之心，苦于能力莫及，徒叫奈何。自后儿当努力前图，必使双亲稍得休闲度日，方足遂我一生之愿。但儿常自怨身体小弱，心思愚昧，口无化世之能，身无治事之才，前路亦茫茫多乖变，恐难成望。只以人生原出谋幸福，冒险奋勇男儿事，况现今社会存亡生死亦全赖我辈青年将来造成大福家世界，同天共乐，此亦我辈青年人的希望和责任，达此便算成功。惟祷双亲长寿康！来日当可得览大同世界，儿在外亦心稍安。

北行之举②前虽有变，后已改道他进，前后已出发两次，来电云一路颇称平静，某人十分表欢迎。儿已约定同志十余人今日下午启程，去后当时有信付回。沿途一切既有伴友同行，儿亦自当谨慎，谅不致意外发生，大人尽可勿念过远。既专心去求学，一年几载,并不可奇,一切费用,交涉清楚,只自己努力,想断无变更。至若谋学上海,儿前亦筹此为退步之计,不过均非久安之所,此事既可成功,彼即当作罢论。

　　昨胜先③妹妹来函云陈宅有北迁之举,不知事可实否?仪芳④读书事,乃儿为终身之谋,前虽函促达泉⑤大哥,彼对儿无正式答复,可怪!⑥

注 释

①任思度:任弼时的父亲。此信写于1921年春,赴莫斯科留学前。
②指赴莫斯科留学。
③胜先:任胜先,任弼时的堂妹。
④仪芳:指陈琮英,任弼时的妻子。写此信时,他们尚未成婚。
⑤达泉:陈英琮,陈琮英的哥哥。
⑥此信现存手稿迄此为止。

赏 析

　　这是任弼时刚接到父亲来信,自己又将启程赴莫斯科留学时,写给父亲任思度的信。想到即将要远离故国,一别数载,相隔千万里,一股浓浓的离别情愫油然涌上任弼时的心头。故任弼时下笔行文之处,字字句句体现了远方游子对父亲及其他家人的深深怀念之情以及对世事艰难、家境窘迫之担心。全信写得委婉曲折,低回深沉,悱恻动人。可贵的是,作者并没有单单沉溺于一家一人的离情别绪中而不能自拔。在笔墨荡开之处,他抒写了为创造一个同天共乐的大同世界,将好男儿志向立在四方的豪放壮志。思情与豪情交织一起,家事与国事书于一纸,犹如音乐中哀丝悲箫与急管繁弦共奏,自然界中幽咽泉流与飞腾瀑布同鸣。这正是此信最主要的特色之一。

丁 玲

丁玲(1904—1986),原名蒋伟,字冰之,笔名彬芷、丛喧等。现代著名女作家、社会活动家。湖南临澧人。1923年入上海大学中文系学习。1927年开始小说创作,发表《梦珂》,1928年发表《沙菲女士的日记》等作品。1932年加入中国共产党。1936年赴延安,历任"中国文艺协会"主任、中央警卫团政治部副主任、西北战地服务团主任、《解放日报》文艺副刊主编、陕甘宁边区文协副主席等职务。创作出《我在霞村的时候》《在医院中》等许多思想深刻的作品。在毛泽东延安文艺座谈会讲话精神的鼓舞下,投身根据地的革命斗争,用文艺形式积极反映我党我军和人民群众火热的斗争生活。丁玲是第一个到延安的文人,她的到来,给陕甘宁抗日根据地原本力量薄弱的文艺运动增添了新鲜的血液。1948年丁玲写成长篇小说《太阳照在桑干河上》,后获斯大林文艺奖。中华人民共和国成立后先后担任《文艺报》《人民文学》主编。1978年任全国文联委员、中国作家协会副主席,晚年创办并主编《中国》文学。1986年3月在北京逝世。其主要作品还有短篇小说集《在黑暗中》《自杀日记》《一个女人》等,长篇小说《韦护》《母亲》等,散文特写集《一年》《陕北风光》《欧行散记》等。她在中国现代文学史上作出过无法取代的贡献。

> 新的人民政府快要成立了。中国变了一个样子了！妈妈，这是最大的幸福！你应该快乐！

致母亲①

亲爱的妈妈：

　　昨天下午收到了你的信和相片。你的像使我大吃一惊。我难过了。这十多年的生活，你过的生活一定很坏很坏，不知为什么这样的老了！我常常看见一些七十来岁的人都非常健康，我一见着他们就想起你一定也很健康。不知你已老已瘦，和我们分别时相差太远了。我每次想着你时，总以为你还是那样子，我总以为你不会老似的，真可笑！还有，我就开始发现我这个人太不自私了！我总想着先把革命搞好，我很少想到要把自己的生活，你啦，孩子们啦都怎么样，都在一起，团团圆圆，享享福。孩子们虽然离我近些，可以常常见见面，但我对他们的照顾、料理、教育都是很少的。幸喜老母还在，两小都好，还不至于遗憾。但我心里实在难过了。因为苦了你！不过你能写那样信，字仍依旧整齐，文仍依旧潇洒，可见我母亲的胸怀仍是旷达而乐观的，精神是年轻的，这是我喜欢的。我的母亲究竟不同于旁人的母亲！妈妈！我们的吃苦是有代价了！你活了几十年，究竟看见人民翻身的日子到来了！封建主义、帝国主义、官僚资本主义基本的摧毁了！老百姓当了权，工人阶级的政党共产党，领导全国人民要走上新的，建设的幸福的道路。以后一年要比一年好。经济繁荣,文化提高,要过好日子了!我现在正忙于开会,新的人民政府快要成立了。中国变了一个样子了!妈妈,这是最大的幸福!你应该快乐!不久你就会来到这新的都城北平,这是你应该愉快的事啊!而且冬天,你的孙子们,两个非常可爱的孩子们就会来看你。妈妈,你以后就再也没有愁苦的日子了。你会年轻起来,健康起来,你将永久地和我一道生活下去,不可分离了!

女冰之②
九月廿一日③

注释

①丁玲的母亲原名余曼贞(1878—1953),后随夫改姓为蒋胜眉,字慕唐,早年曾在家乡从事进步的教育活动。

②冰之:丁玲字冰之。

③此信写于1949年9月21日。

赏析

丁玲的母亲是一位伟大的女性。辛亥革命时期,她勇敢地冲破封建礼教的束缚,入新学堂读书,并和我国早期女共产党员向警予交谊甚笃,两人常常"彻夜交谈,谈论国家大事、社会、时事"。她又积极参加进步的教育活动,曾在家乡创办了信德女子小学和"工读互助团",为贫苦子女打开了教育大门。母亲对于丁玲一生的影响极大,从小就向她讲述革命女杰秋瑾等人的故事,又亲自教她读唐诗、古文,并省吃俭用供她上学。这种潜移默化的言传身教,为丁玲以后走向革命道路,进行进步的文学创作奠定了坚实的基础。丁玲曾饱含深情地说:"感谢我妈对我的信任和支持,不管我以后有什么成果,走了多少曲折的道路,但我妈对我的信任是永远对我的鼓励,我永远为她战斗不息,不敢自怠。"

丁玲这封致母亲的信,写于新中国正式成立的前几天,那时中国大部分地区已经解放,人们正张开双臂欢迎一个光辉灿烂的伟大时代到来,而此时丁玲母亲已是一位七十多岁的老人了。丁玲写此信时,心里充满悲喜交集之情。悲的是,经过十多年的分离,乍一看见母亲的近照,觉得她苍老多了,这是因艰难生活磨炼,饱经风霜所致,而作为女儿,没有照顾好母亲的生活,"心里实在难过";喜的是,人民翻身的日子到来了,以后再也没有愁苦的日子了,妈妈也会年轻起来、健康起来,更重要的是母女团圆的日子指日可待了。这一悲一喜交织,是作者内心情感自然流露,正如她自己所说,是"把自己的加之于自然",而更重要的是,作者将个人的喜怒哀乐和母女聚散离合与整个时代的风云变化紧密联系一起。母亲的衰老是由旧社会艰难困苦生活所致,母亲将变得年轻、健康是因为新中国即将成立。这不仅使这封普通的家书流动着难以遏止的深挚母女情意,而且具有较深厚的思想力度。

本信辑入时有删节。

# 赵一曼

赵一曼(1905—1936),原名李坤泰,又名李一超,字淑宁,四川宜宾人。1926年加入中国共产党,任宜宾妇联和学联党团书记。1927年赴莫斯科中山大学学习。1928年冬回国,在江西上饶等地从事革命工作,九一八事变后到东北,历任中共满洲省委委员、满洲省总工会组织部部长等职。1935年任东北人民革命军第三军一师二团政委。同年11月在与日军作战时受伤被俘。1936年8月2日在珠河(今黑龙江省尚志市)英勇就义。

> 母亲和你在生前是永久没有再见的机会了。希望你,宁儿啊!赶快成人,来安慰你地下的母亲!

就义前给儿子的遗书

宁儿：

　　母亲对于你没有能尽到教育的责任,实在是遗憾的事情。

　　母亲因为坚决地做了反满抗日的斗争,今天已经到了牺牲的前夕了。

赵一曼
就义前给儿子的遗书

  母亲和你在生前是永久没有再见的机会了。希望你,宁儿啊!赶快成人,来安慰你地下的母亲!我最亲爱的孩子啊!母亲不用千言万语来教育你,就用实行来教育你。

  在你长大成人之后,希望不要忘记你的母亲是为国而牺牲的!

一九三六年八月二日
你的母亲赵一曼于车中①

注 释

①此遗书写于被押赴刑场的囚车中。

赏 析

  赵一曼烈士是中华民族抗日女英雄。她的名字和她的英雄事迹在中国早已家喻户晓。朱德、陈毅、宋庆龄、何香凝等都先后为赵一曼烈士题词,称颂她"坚贞不屈""永垂不朽",是"革命英雄""女中模范"。她是在1935年11月一次与日军作战时受伤被俘的。敌人对她威逼利诱,酷刑拷打,但她始终不屈不挠,于是气急败坏、黔驴技穷的敌人只得将赵一曼押赴刑场。在隆隆疾驶的囚车中,在走向生命终点的最后一刻,赵一曼将满腔的爱倾注于笔端,给儿子写下了这封短短的遗书。

  这封信没有华丽的辞藻和过多的修饰,也不讲究谋篇布局,它犹如一面毫无矫饰的明镜,反映了一位革命的母亲临终前对爱儿的殷殷之情、切切期望和一个革命者坚贞不屈的情操。此信虽写于80多年前,其情之炽热,其意之深远,其境之高洁,至今仍深深地打动读者的心。这无疑是由于此家书饱含的爱子真情和伟大的精神力量,使其具有一种经久不衰的感染力。

沈志昂

沈志昂(1906—1928),又名益丰,上海奉贤人。1925年加入中国共产党。曾参加广州起义,后在海陆丰坚持武装斗争。1928年在广东海陆丰县碣石溪英勇牺牲。

> 亲爱的玩缪,我的心被热血冲动了!我的路已向前去了!落后的你,我不得不回转头来,拉了你一同走罢!革命之路,已满路光明了!

给妻子的信

我亲爱的玩缪①姊姊:

在蝉声振耳的时候,那流浪的孤鸟,还没有归巢了,引起了闲人奇异吗?

是的,情感的动物——人类——处处的生活,都感觉到心灵的反射;无论柔弱者也有时的刚强,刚强者也有时的柔弱。人类的性情和能力,决不能一眼看煞的啊!虽若十二分无用的人,倒是一旦反抗起来,无法取理的;不过情感之力,还超过理智,把理性的毅力压服了。但是，人类究竟除了情感以外，还是有理性的。苟其情感不能压服理智，而理智马上反抗起来，这也是很普通之理。如弄皮球一样，抚抚弄弄，皮球很和善的混来混去，但是用了力一拍，马上跳起来。由是可晓得，凡是要顺从自己的欲望，对于所望者，一定要温和慈善的手段，神秘的训练，感化他，用压迫的手段，终免不了要起反抗的。所谓"杀人者，人杀之；害人者，人害之"。譬如父对于子，父不用慈爱的心对之，必有不孝之子起来反抗。夫对于妇，不是互相亲爱而以压制之手段，妇虽被礼教束缚，也要有打破旧礼教的反抗。满清压制中国，专制了二百多年，然而也有武昌起义，推翻满清。军阀压制农民，也有红枪会起来反抗。学校当局压迫学生，近年学生起来学潮闹得多少利〔厉〕害。国际的资本家压迫无产阶级，而今有国际的无产阶级联合起来打倒国际的资产阶级。所以压迫是压迫不料〔了〕的，压迫愈厉害，反抗力也愈大，物理学上有一定律说："压力愈大，反抗力随之而也大。"所以要制服人，决〔非〕可以压迫可以服的。古谚说得好："以力服人，非心服也；以德服人，乃心服也。"这是可为野心家之诫。我是受过种种压迫的人，什么经济的压迫，军阀的压迫，旧礼教的压迫……压迫的种种滋味，已尝周到了，不过从前虽受了压迫，但未觉悟到，未知道到，所以还是糊糊涂涂地莫明〔名〕其妙的过去，人家看来真真个好孩子，其实真真笨虫。但是，现在醒了，人类的理性，因之而勃发，与种种的压迫者，都要一个一个的反抗起来，情感已是打破了。

虽然人是情感的动物，也是理智的动物。我近来觉得凡是〔事〕不能先讲情感而后讲理智的。先讲情感而〔后〕讲理智者，其所得的理智必不准确的，而其情感必不神圣的，亦不愉快的。先讲理智而后讲情感，这样的结果是起于真正的理智，而得的真正的情感,双方确是真是神圣的。所以我近来的主张,是先讲理智而后讲情感的,苟其理智讲不通,那么无情感的可讲,情愿把情感牺牲,不情愿把真正的理智牺牲而得的是假的情感——心面不和的情感——因此而论到中国的状况,现在的中国,是受国际帝国主义者蹂躏〔到〕了如此地步,军阀之压迫人民,学阀之压迫学生,资本家压迫无产阶级,旧礼教的压迫男女青年,旧家庭陷害子女,种种地目不忍睹的惨状,使我时时心惊肉跳,因之在黑暗之中求光明的地方,不得不起来革命,革帝国主义之命,革军阀的命,革学阀的命,革资产阶级的命,革家庭的命,革一切的命,求国家之光明,求社会之光明,求无产阶级之光明,求男女青年之光明,这种应该革命,是我的理智了。因之合我的理智的——就是赞成革命者——我就和他发生情感,不合我理智者,就是从前有情感的,也因之而消灭。这是我已锻炼至极坚的意志。

当然,革命是要牺牲的,倘使要个人做官发财而革命,那不是真真地革命,乃是反革命。这类人就是国民党右派,国家主义派,我绝对反对的。我们应该以群众利益为自己利益,以群众生命为自己生命,为主义而生,为主义而死,一个铁石的青年人革命家。我前尝对你说:"我是为社会上谋幸福的一个人。"我的身体不是我自己的,是公众的,倘使为公众利益而要我身体死的时候——但是精神终不会死——我当不辞的,向前走。牺牲了我个人,得到群众的利益,我的做的。

我的话只可以对你说,因为你受我宣传的,对别人说,非但不肯听我的话,并且还要说我痴了,其实我没有痴,我比他们明白好几百倍了,他们还糊糊涂涂吃了黄连还不知苦,我也并不是天生如此,实在被环境压迫到如此,使我不得不起来反抗。苟其我是帝国主义者之中一个,我那是也不会如此,也是一个很反动的压迫人者。这是完全环境造成者,但是也不能说只有我一个是这样,如我同样者,不知其多少了,在中国起码有五十万罢。

我们的势力很大,不但在中国有这样多的人,在各国也有这样多的人,你看近日报上载有唐生智②进攻长沙,蒋介石誓师北伐,我们的胜利指日而可待了。我们还有什么怕呢?你看见吗?天时帮助我们,发了大水,使我们顺水而下,直取长沙,我们的军士,勇敢的杀!杀!杀!死许多敌人,满枪满刀满衣的鲜血,都是我们的军士为国民争利益的工作,灿烂的国旗党旗,照耀于青天白日之下③,对面的敌人战栗地畏怕,我们的民众唱起来"打倒列强!打倒列强!除军阀!除军阀!国民革命成功!国民革命成功!齐欢唱!齐欢唱!"那时也觉醒了,我不是痴了,确是为民众争利益的一个革命青年。

听呀!革命军队的号子,大等〔声〕地吹起来了。革命的青年军人,勇敢的跑拢来了。排队开步走的向战场去杀敌去。革命的军人个个雄起起地向前,没有一个畏惧的退后来。因为他们都知道负救众民的使命。所以用尽万分气力去杀杀杀敌。在一刹那间,血肉横流,敌人都被革命军人杀死了。革命的军人满身满刀满枪满衣的血迹,向前追赶,把国内的军阀个个杀死,国外的帝国主义者个个心碎胆裂,中国民气未死了。中国兴起来了。他们也不敢再用哀的美敦书,不平等条约来压制我们了。无产阶级的国民也不再受资产阶级压迫了。全国的光明冲〔充〕满天地间!革命军士何等荣耀,革命的军士功何等大,但革命的军人责任何等重!努力的前进,杀完了敌人然后罢,救出民众于火炕之中而后责尽。于是解了血甲,放弃枪炮,沐浴了身体,回到家乡,满脸得意的笑容和

最亲爱的爱人,深深地拥抱了接吻!

亲爱的玩缪,我的心被热血冲动了!我的路已向前去了!落后的你,我不得不回转头来,拉了你一同走罢!革命之路,已满路光明了!亲爱的玩缪,起来罢!不要再流泪而呻吟了!只流泪呻吟,没有用的。环境决不因你流泪呻吟就好了,一定要用万分的勇敢起来!和万恶的环境宣战,而后有打破的希望。

亲爱的玩缪,人生的兴趣,是用感情来培养的,在冷酷的地方,你当然要我回来,我也如你一样的。在清晨起来,看了报,得到什么消息好坏,与我兴〔心〕里的喜快同时相和起来,但天天靠近先施公司,新新公司,永安公司,这样华丽的东西,三人二人成群的争先夺前的进去,满载的买了归,但是无钱的我,走过了这一段金钱万能的地方,两眼只是空空地望望罢了!锣鼓敲得这样忙,满面涂得红粉白粉的卖身女子,站在台上,伊哇的戏骗游客心里,这种声音震聋了我的耳鼓。玩缪,我从来不喜看这种卖身的戏剧,所以天天听这种声音,使〔便〕厌恶极了。我在乡间,听暑蝉的声音,天然的风景,在竹荫下,和你谈谈,那时何等乐意呢?所以我决于日内,要回来了,但是日期还没有决定。

玩缪姊姊,前头我走的时候,棉花方种,稻苗未出水,有些黄麦未割,可是现在田间正是青青了!耘稻锄草的工夫谅很忙吗?我谅你这几天天天在田间做工作,满面汗,满红脸,一步一步在很凶的太阳之下来往来往,但是得到的报酬有多少!

很杂乱的话,怎能尽纸张写!我俩的心给昨天霹雳的电打在一块了,我俩的身体由分离,而又聚拢来了,自然之爱神,正在我俩头上歌颂:"漂流的神鸟,南一只,北一只,南北之大洋,起了大风大雨,把迷途之神鸟,仍送他俩集一块罢!他们的光辉,再振起来,他们爱心,再合起来,然后放出了温日和风微微地吹荡,光明之将来,永远留扬,哟!去罢,去罢!飞翔起来,飞到了青云,唱起和谐的歌来!"

志昂

六月初六日五时④

注释

①玩缪:指沈志昂的妻子汤瑾。

②唐生智(1889—1971),字孟潇,湖南东安人。早年曾参加反袁护国斗争。1926年任湖南省代省长。北伐时,任国民革命军第八军军长兼北伐前敌总指挥、湖南省主席。抗战胜利后主张和平,后曾参加湖南和平解放工作。中华人民共和国成立后历任湖南省人民政府副主席,湖南省副省长,全国人大常委会委员、政协全国委员会委员等职。

③当时是国共合作时期,故有此种说法。

④此信写于1926年。

赏析

这是年仅20岁的年轻革命志士写给妻子的信。年轻的生命具有同样年轻的情感和思想,像激烈的岩浆在喷发,激越奔放,酣畅淋漓。这封信不同于一般的家书和情书,它是一位革命志士向尚不谙革命道理的妻子做宣传鼓动工作,进行热情澎湃的演讲。信中把议论说理、写景抒情熔于一炉,那强烈的思辨意识,那自信的情感气势,那跳跃跌宕的语言句式,使人热血沸腾，催人奋发。

作者议理的中心和说理的主题是理智与情感何者为先的问题。他认为人类既是情感的动物，也是理智的动物，但理智应统率情感。他的理智观是以是否革命为分界线，一切赞成革命的，就是他的兄弟朋友，就能产生情感；反之，则从前有情感的，也因之而消弭。可见他的理智情感观具有鲜明的阶级属性。由于讲道理的对象是他最亲的亲人，所以他无所顾忌，纵横笔墨，旁征博引，既有理论上的阐述，也有现实中无数事例来反复论证。道理说得精细透彻，感情写得真挚激越，即是把道理融进感情波涛中，使这道理不仅有难以辩驳的说服力，还有一种难以摆脱的感召力。作者在抒情时采取的是一种激越恢宏的气势，热情亦如烈火，即使对妻子的恋情也丝毫无缠绵悱恻之态。如信中所说："我俩的心给昨天霹雳的电打在一块了，我俩的身体由分离，而又聚拢来了，自然之爱神，正在我俩头上歌颂……"语势是何等急促，感情是何等充沛！

全信在组织结构上又采取一种首尾呼应的手法，信开首即写在蝉声震耳中，那流浪的孤鸟，还没有归巢。结尾也是写鸟，只不过从孤鸟变为一对比翼双飞的神鸟，共同飞翔。这鸟也是一种比喻，一种象征，比喻象征着这一对革命情侣的坚贞不渝的爱情，双双携手向着光明的革命未来飞翔前进。由于信中采取了多种艺术手法，使此封家书具有巨大的激励作用。

赵云霄

赵云霄(1906—1929),原名凤培,河北阜平人,陈觉烈士之妻。1925年加入中国共产党。同年赴莫斯科中山大学学习,后与同在中山大学学习的陈觉结婚。1927年9月回国,同陈觉先后在东北、湖南等地做党的秘密工作。1928年9月湖南省委遭破坏时不幸被捕。次年3月26日在长沙英勇就义。

> 你可记着,你的母亲是二十三岁上死的。小宝宝望你好好长大成人,且好好读书,才不负你父母的期望。

给女儿的遗书

启明①我的小宝贝:

启明是我们在牢中生了你的时候为你起的名字,这个名字是很有意义的。因为有了你才四个月的时候,你的母亲便被湖南清乡督办署捕于陆军监狱署来了。当时你的母亲本来立时死的罪,可是因为有了你的关系,被督办署检查了四五次,方检查出来是有

了你!所以为你起了个名字叫启明(与你同样同生一个叫启蒙)。

小宝宝:你是民国十八年正月初二日生的,但你的母亲在你才有一月又十几天的时候便与你永别了。小宝宝你是个不幸者,生来不知生父是什么样,更不知生母是如何人!小宝宝你的母亲不能扶养你了,不能不把你交与你的祖父母来养你,你不必恨我!而恨当时的环境!

小宝宝,我很明白的告诉你,你的父母是个共产党员,且到俄国读过书(所以才处我们的死刑。)你的父亲是死于民国十七年阳历十月十四日,即古历九月初四日。你的母亲是死于民国十八年阳历三月二十六日,即古历二月十六日。小宝贝,你的父母你是再不能看到,而〔且〕也没有相片给你,你的母亲所给你的记〔纪〕念只有相片和衣物,及一金戒指,你可作一生的唯一的记〔纪〕念品!

小宝宝我不能扶〔抚〕育你长大,希望你长大时好好的读书,且要知道你的父母是怎样死的。我的启明,我的宝宝,当我死的时候你还在牢中。你是个不幸者,你是个世界上的不幸〔者〕!更是无父母的可怜者。小明明,有你父亲在牢中给我的信及作品,你要好好的保存!小宝宝,你的母亲不能多说了。血泪而成。你的外祖母家在北方,河北省阜平县。你的母亲姓赵。你可记着,你的母亲是二十三岁上死的。小宝宝望你好好长大成人,且好好读书,才不负你父母的期望。可怜的小宝贝,我的小宝宝!

你的母亲于长沙陆军监狱署
泪涕三月二十四日②

注 释

①启明:陈觉和赵云霄的女儿。他们牺牲后,启明由祖父母抚养,四岁时夭折。

②此信写于1929年3月24日,两天后赵云霄英勇就义。

赏 析

这封遗书的内容,本身就是一个十分悲壮和动人的故事:陈觉和赵云霄这一对革命夫妻,从苏联莫斯科中山大学学成归国后,一起从事党的秘密工作。1928年9月赵云霄不幸被捕。10月,由于叛徒告密,陈觉也被捕。两人同关在长沙陆军监狱,虽近在咫尺,却终日不能相见。10月14日,年仅25岁的陈觉慷慨就义。临刑前,写下前面我们已选录的那封给妻子的遗书。当时赵云霄因有孕在身,并未被立即执行死刑,直到1929年3月26日,也就是她丈夫牺牲五个余月,她女儿出世一个月十几天,赵云霄也在长沙光荣牺牲了,年仅23岁。临刑前两天,赵云霄给她尚不懂世事的女儿写下这封感人泣下的诀别书。

丈夫刚牺牲,女儿刚出世,而自己又马上告别人间,永不能见女儿,怎能不令赵云霄用笔如铅,潸然泪下呢?故全信充满了对女儿启明的无限柔情和对反动派的刻骨仇恨,并希望女儿记住父母是怎样死去的,期望她好好读书,长大成人,继承革命事业。此信确实是以"血泪而成",是一位母亲的真情坦诚显露,今人读起,仍具有一种褫魂夺魄的感染力。

傅 雷

傅雷(1908—1966),字怒安,号怒庵,江苏南汇(今属上海浦东新区)人,著名翻译家,早年赴法留学。回国后参与创办《时事汇报》,任总编。1940年后一直从事翻译工作。抗战胜利后,加入中国民主促进会,任理事。新中国成立后担任上海政协委员,中国作协上海分会理事及书记处书记等职。其一生译作共30余部,尤以翻译巴尔扎克作品著名,共译15部。译笔炉火纯青,曾被吸收为法国巴尔扎克研究会会员。主要译作有《欧也妮·葛朗台》《高老头》《贝姨》《约翰·克利斯朵夫》等。

> 孩子,珍重,各方面珍重,千万珍重,千万自爱!

给傅聪①的信

孩子:十个月来我的心绪你该想象得到;我也不想千言万语多说,以免增加你的负担。你既没有忘怀祖国,祖国也没有忘了你,始终给你留着余地,等你醒悟。我相信:祖国的大门是永远向你开着的。好多话,妈妈已说了,我不想再重复。但我还得强调一点,就是:适量的音乐会能刺激你的艺术,提高你的水平;过多的音乐会只能麻痹你的感觉,使你的表演缺少生气与新鲜感,从而损害你的艺术。你既把艺术看得比生命还重,就该忠于艺术,尽一切可能为保持艺术的完整而奋斗。这个奋斗中目前最重要的一个项目就是:不能只考虑需要出台的一切理由,而要多考虑不宜于多出台的一切理由。其次,千万别做经理人的摇钱树!他们的一千零一个劝你出台的理由,无非是趁艺术家走红的时期多赚几文,哪里是为真正的艺术着想!一个月七八次乃至八九次音乐会实在太多了,大大的太多了!长此以往,大有成为钢琴匠,甚至奏琴的机器的危险!你的节目存底很快要告罄的;细水长流才是办法。若是在如此繁忙的出台以外,同时补充新节目,则人非钢铁,不消数月,会整个身体垮下来的。没有了青山,哪还有柴烧?何况身心过于劳累就会影响到心情,影响到对艺术的感受。这许多道理想你并非不知道,为什么不挣扎起来,跟经理人商量——必要时还得坚持——减少一半乃至一半以上的音乐会呢?我猜你会回答我:目前都已答应下来,不能取消,取消了要赔人损失等等。可是你能否把已定的音乐会一律推迟一些,中间多一些空隙呢?否则,万一临时病倒,还不是照样得取消音乐会?难道捐税和经理人的佣金真是奇重,你每次所得极微,所以非开这么多音乐会就活不了吗?来信既说已经站稳脚跟,那么一个月只登台一两次(至多三次)也不用怕你的名字冷下去。决定性的仗打过了,多打零星的不精彩的仗,除了浪费精力,报效经理人以外,毫无用处,不但毫无用处,还会因表演的不够理想而损害听众对你印象。你如今每次登台都与国家面子有关;个人的荣辱得失事小,国家的荣辱得失事大!你既热爱祖国,这一点尤其不能忘了。为了身体,为了精神,为了艺术,为了国家的荣誉,你都不能不大大减少你的演出。为这件事,我从接信以来未能安睡,往往为此一夜数惊!

还有你的感情问题怎样了?来信一字未提,我们却一日未尝去心。我知道你的性格,也想象得到你的环境;你一向滥于用情,而即使不采主动,被人追求时也免不了虚荣心感到得意:这是人之常情,于艺术家为尤甚,因此更需警惕。你成年已久,到了二十五岁也该理性坚强一些了,单凭一时冲动的行为也该能多克制一些了。不知事实上是否如此?要找永久的伴侣,也得多用理智考虑勿被感情蒙蔽!情人的眼光一结婚就会变,变得你自己都不相信:事先要不想到这一著,必招后来的无穷痛苦。除了艺术以外,你在外做人方面就是这一点使我们操心。因为这一点也间接影响到国家民族的荣誉,英国人对男女问题的看法始终清教徒气息很重,想你也有所发觉,知道如何自爱了;自爱即所以报答父母,报答国家。

真正的艺术家,名副其实的艺术家,多半是在回想中和想象中过他的感情生活的。唯其能把感情生活升华才给人类留下这许多杰作。反复不已的、有始无终的、没有结果也不可能有结果的恋爱,只会使人变成唐·璜②,使人变得轻薄,使人——至少——对爱情感觉麻痹,无形中流于玩世不恭;而你知道,玩世不恭的祸害,不说别的,先就使你的艺术颓废;假如每次都是真刀真枪,那么精力消耗太大,人寿几何,全部贡献给艺术还不够,怎容你如此浪费!歌德的《少年维特之烦恼》③的故事,你总该记得吧。要是歌德没有这大智大勇,历史上也就没有歌德了。你把十五岁到现在的感情经历回想一遍,也会丧然若失了吧?也该从此换一副眼光,换一种态度,换一种心情来看待恋爱了吧?——总之,你无论在订演出合同方面,在感情方面,在政治行动方面,主要得避免"身不由主",这是你最大的弱点。——在此举国欢腾,庆祝十年建国十年建设十年成就的时节,我写这封信的心情尤其感触万端,非笔墨所能形容。孩子,珍重,各方面珍重,千万珍重,千万自爱!

一九五九年十月一日

注 释

①傅聪:傅雷的儿子,著名的钢琴家。

②唐·璜:西班牙传说中的中世纪贵族青年,浪荡公子的象征和极端个人主义的典型。在西班牙戏剧家蒂尔索·德·莫利纳悲剧《塞维利亚的嘲弄者》(1630年)中首次以文学人物出现,而后以他为主题的文学和音乐作品有100多种,尤为著名的是英国诗人拜伦的政治讽刺诗《唐·璜》。

③歌德《少年维特之烦恼》:歌德(1749—1832),德国著名诗人、作家、思想家。小说《少年维特之烦恼》是他早期最重要的代表作。

赏 析

20世纪80年代初出版的《傅雷家书》,曾在海内外引起极大反响,人们争相购买,细心阅读后,不仅为这位严厉而慈祥的父亲那种苦心孤诣、呕心沥血的教子精神所感动,也为他能自如地操笔用墨于古今中外各种文学艺术领域的广博渊厚的知识所惊叹,为他那优美流畅的文笔所陶醉,更为他虽身处逆境,仍怀一颗拳拳的爱国之心的正直品格而顿生钦佩之情。

一本家书是一个人人格的真实写照,傅雷就是一个纯洁、正直、高尚、真诚的人。我们从《傅雷家书》中选录的这封信，写于举国欢腾庆祝新中国成立十周年之际，这位正直的艺术家身上却负荷着沉重的"十字架"，他被错判成"右派"分子，他心爱的儿子因出走英国，又被蒙上"叛徒"的罪名。因此他提笔写信的时候，正如信中所说："心情尤其感触万端，非笔墨所能形容。"然而他却压抑了个人的悲痛，循循善诱地教育独自漂泊海外的儿子，要忠实艺术，尽一切可能为保持艺术的完整而奋斗，千万不要将艺术作为摇钱树。又告诫他，在爱情方面要严肃认真，千万不能玩世不恭。更可贵的是，在阖家遭殃的如此艰难的境遇里，他还念念不忘祖国的荣誉，将以上两件家庭个人之事与祖国的荣辱得失联系起来。在谈到儿子的演出时，他说："你如今每次登台都与国家面子有关；个人的荣辱得失事小，国家的荣辱得失事大！你既热爱祖国，这一点尤其不能忘了。"在谈到儿子的爱情时，他也说："因为这一点间接影响到国家民族荣誉。"

  由此可以看出，这位具有良知的艺术家，在家庭教育方面，是以一种怎样高度负责的精神与心力，对祖国、对社会来尽自己的责任的。也正是这些情真意切的频频飞鸿，像一种无形的细带，将漂流异国的傅聪与祖国建立了切切实实心的结合。因此在悠悠岁月里，在茫茫大海外，尽管自己在国内的家庭受到不公正的对待，自己亦蒙受恶名，但傅聪始终没有背弃自己的祖国。尽管一些别有用心的人多方威胁利诱，但他从来没有说过或做过有损祖国尊严的事情，这与傅雷在数万里外给他的殷殷爱国主义的教育是分不开的。

  这封家书，一如傅雷的译文一样，文笔极其优美流畅，清词丽句，沁人心脾，理明情笃，娓娓动听。

何功伟

何功伟(1915—1941)，又名彬、斌、明理，湖北咸宁人。1936年加入中国共产党。曾参加全国学联的组织领导工作。抗日战争爆发后，历任上海青年抗日救国服务团组织部长，中共湖北省工委委员、农民运动委员会委员，中共武昌区委书记，鄂南、鄂西特委书记等要职，何功伟并创建了鄂南游击队。1941年1月，因叛徒出卖被捕入狱。同年10月17日，在恩施英勇就义。

> 今日虽蒙失子之痛，苟瞻念光明前途，亦大可破涕为笑也。

给父亲的遗书

儿不肖，连年远游，既未能承欢膝下，复不克分持家计。只冀抗战胜利，返里有期，河山还我之日，即天伦叙乐之时。迩来国际形势好转，敌人力量分散，使再益之以四万万人之团结奋斗，最后胜利当不在远。不幸党派摩擦，愈演愈烈。敌人汉奸复从而构煽之，内战烽火，似将燎原，亡国危机，迫在眉睫，"此敌人汉奸之所喜,而仁人志士之所忧"(张一麐①先生语)。新四军事件②发生之日,儿正卧病乡间。噩耗传来,欲哭无泪。孰料元月二十日,儿突被当局拘捕,郎当③入狱,几经审讯,始知系因为共产党人而构陷入罪。当局正促儿"转变",或无意必欲置之于死,然按诸宁死不屈之义,儿除慷慨就死外,绝无他途可循。为天地存正气,为个人全人格,成仁取义,此正其时。行见汨罗江④中,水声悲咽;风波亭⑤上,冤气冲天。儿蝼蚁之命,死何足惜!唯内乱若果扩大,抗战必难坚持,四十余月之抗战业迹〔绩〕,宁能隳于一旦!百万将士之热血头颅,忍作无谓牺牲!睹此危局,死后实难瞑目耳!

微闻当局已电召大人来施,意在挟大人以屈儿,当局以"仁至义尽"之态度,千方百计促儿"转向",用心亦良苦矣⑥。而奈儿献身真理,早具决心,苟义之所在,纵刀锯斧钺加颈项,父母兄弟环泣于前,此心亦万不可动,此志亦万不可移。盖天下有最丰富之感情者,必更有最坚强之理智也。谚云:"知子莫若父。"大人爱儿最切,知儿亦最深。曩年两广事变⑦发生之时,正敌人增兵华北之后,儿为和平团结,一致抗日而奔走号泣,废寝忘餐,为当局所不谅。大人常戒儿明哲保身。儿激于义愤,以为家国不能并顾,忠孝不能两全,始终未遵严命。大人于失望之余,曾向诸亲友叹曰:"此儿太痴,似欲将中华民国荷于其一人肩上者!"往事如此,记忆犹新,夫昔年既未因严命而中止救国工作,今日又岂能背弃真理出卖人格以苟全身家性命?儿丹心耿耿,大人必烛照无遗。若大人果应召来施⑧,天寒路远,此时千里跋涉,怀满腔忧虑而来;他日携儿尸骸,抱无穷悲痛而去。徒劳往返,于事奚益?大人年逾半百,又何以堪此?是徒令儿心碎,而益增儿不孝之罪而已。

儿七岁失恃⑨,大人抚之养之,教之育之,一身兼尽严父与慈母之责。恩山德海,未报万一,今后,亲老弱弟,侍养无人。不孝之罪,实无可逃。然儿为尽大孝于天下无数万人之父母而牺牲一切,致不能事亲养老,终其天年,苦衷所在,良非得已。惟恳大人移所以爱儿者以爱天下无数万人之儿女,以爱抗战死难烈士之遗孤,以爱流离失所无家可归之难童,庶几儿之冤死或正足以显示大人之慈祥伟大。且也,民族危机,固极严重,然在强敌深入国境之今日,极少数汉奸败类,自外于抗战营垒;在抗战建国纲领⑩之政治基础上,我精诚团结之民族阵线,必能战胜一切挑拨离间之阴谋。胜利之路,纵极曲折,但终必导入新民主主义新中国之乐园,此则为儿所深信不疑者也。将来国旗东指之日,大人正可以结束数年来之难民生涯,欣率诸弟妹,重返故乡,安居乐业以娱晚景。今日虽蒙失子之痛,苟瞻念光明前途,亦大可破涕为笑也。

不孝儿功伟狱中跪禀
三十年二月十九日⑪

注 释

①张一麐(1867—1943):字仲仁,江苏吴县人。前清举人。辛亥革命时,积极赞助革命事业。抗日战争爆发后,积极主张抗日,被选为国民参政议员。1943年10月病逝于重庆。

②新四军事件:1941年1月6日,国民党反动派企图消灭抗日武装力量,围截我新四军的皖南事变。

③郎当:锒铛,指铁锁链。

④汨罗江:流经湖南平江等地,古代爱国诗人屈原自沉于此。此处表达了何功伟慷慨赴义的决心。

⑤风波亭：相传岳飞遇害之地，在今浙江杭州。

⑥何功伟被捕后，为瓦解其斗志，敌人电召其父，希以父子之情劝诱其转向，何功伟写下这份遗书以示心迹。

⑦两广事变：又称"六一事变"，是第二次国内革命战争时期，国民党内部一次争权斗争。1936年6月1日，国民党广东军阀陈济棠，联络李宗仁、白崇禧和各地反蒋力量，以抗日救国为名，出兵北上，企图争夺南京国民党政府政权。蒋介石派人收买了陈济棠部下，陈被迫离广去香港，李、白也只得妥协。在全国上下一致反对下，两广事件遂告和平解决。

⑧施：指湖北恩施，何功伟被捕后，囚禁于此。

⑨失恃：《出自诗经·小雅·蓼莪》中的"无父何怙，无母何恃"。恃，即依赖之意。后称母死为失恃。

⑩抗战建国纲领：1938年3月，国民党在武汉召开临时全国代表大会，会上通过此项纲领。迫于当时日益高涨的抗战形势，此纲领对人民作了某些形式上的让步，与抗战前国民党国策相比，有一定的进步。为了团结一致抗战，当时中国共产党和其他民主党派基本予以肯定，对它采取了支持和善意批评的态度。

⑪三十年二月十九日：指民国三十年（1941）二月十九日。

赏析

1941年初，中共鄂西特委书记何功伟由于叛徒出卖而被捕入狱。为了瓦解何功伟的斗志，敌人电召其父来狱，做劝说工作，妄图以父子骨肉之亲情来动摇其革命信念。何功伟得知此消息后，即写下这封给父亲的信，以表明其心迹。

古语云："忠孝不能两全。"古往今来，多少仁人志士、民族英雄，在慷慨赴难之前，总是面临着这两难的选择，但他们为了民族和国家的利益，总是弃一己一家之利而不顾，含笑赴死。在沧海横流的数千年中华民族的历史中，正是这辉煌于天地之间的飒飒英气，支撑起我们民族的坚强脊梁，由此而形成我们中华民族独特的文化传统。

何功伟写此信时，也正面临着这两难的选择。信一开始就写自己不肖，为革命四方奔走，既不能承欢父膝，也不能分持家计，而现在自己又身陷囹圄，父亲冒着天寒路远跋涉之苦而来。面对恩山德海的父亲，作者觉得"不孝之罪，实无可逃"。为了说明自己"不孝"，作者又以追述的手法，写了"两广事变"发生时，他为抗日奔走呼号，父亲告诫儿子要明哲保身，但他却认为，"家国不能并顾，忠孝不能两全"，未遵父命。以至于父亲失望之余，感叹道："此儿太痴，似欲将中华民国荷于其一人肩上者！"所以该信有一个很大的特色，就是作者以"忠孝不能两全"为主要命题，围绕忠与孝这尖锐的矛盾冲突来展呈全文，无论叙事、抒情、论理都一以贯之。于是，在这尖锐冲突中，亦如阴电与阳电互相撞击，作者那种"纵刀锯斧铖加颈项，父母兄弟环泣于前"而仍不动摇的坚贞不渝的革命信念，那种为"尽大孝于天下无数万人之父母而牺牲一切"的浩大胸襟，已远远超过了历代古人的忠孝观念，因而愈发闪现耀眼的电光来。

江竹筠

江竹筠(1920—1949)，原名竹君，四川自贡人。人们亲切地称她"江姐"。1939年加入中国共产党。1940年任中共重庆新市区区委委员。1944年考入四川大学。1945年7月回重庆从事秘密联络工作和学运工作。1947年与爱人彭咏梧赴川东发动武装起义。1948年6月在万县因叛徒出卖被捕，囚于重庆渣滓洞集中营监狱，受尽酷刑，坚贞不屈。1949年11月在重庆英勇就义。

> 假如不幸的话，云儿就送你了，盼教以踏着父母之足迹，以建设新中国为志，为共产主义革命事业奋斗到底。

狱中给谭竹安的信

竹安弟①：

　　友人告知我你的近况，我感到非常难受。幺姐及两个孩子给你的负担的确是太重了，尤其是现在的物价情况下，以你仅有的收入，不知把你拖成甚么个样子。除了伤心而外，就只有恨了……

我想你决不会抱怨孩子的爸爸②和我吧？苦难的日子快完了，除了希望这日子快点到来而外，我什么都不能兑现。安弟，的确太辛苦你了。

我有必胜和必活的信心，自入狱日起（去年六月被捕）我就下了两年坐牢的决心。现在时局变化的情况，年底有出牢的可能。蒋王八③的来渝，固然不是一件好事。但是不管他如何顽固，现在战事已近川边，这是事实，重庆再强也不能和平、京、穗④相比，因此大方的给它三四月的命运就会完蛋的。我们在牢里也不白坐，我们一直是不断的在学习，希望我俩见面时你更有惊人的进步。这点我们当然及不上外面的朋友。

话又得说回来，我们到底还是虎口里的人，生死未定。万一他作破坏到底的孤注一掷，一个炸弹两三百人的看守所就完了。这可能我们估计的确很少，但是并不等于没有。假如不幸的话，云儿⑤就送你了，盼教以踏着父母之足迹，以建设新中国为志，为共产主义革命事业奋斗到底。

孩子们决不要娇养，粗服淡饭足矣。幺姐是否仍在重庆？若在，云儿可以不必送托儿所，可节省一笔费用，你以为如何？就这样吧，愿我们早日见面。握别。愿你们都健康！

来友⑥是我很好的朋友，不用怕，盼能坦白相谈。

竹姐

注 释

①竹安弟：指谭竹安，江竹筠的亲戚，中共党员，在重庆《大公报》社工

作。

②孩子的爸爸：指江竹筠的丈夫彭咏梧。四川云阳人。曾任中共云阳县委书记、中共重庆市委委员、中共重庆市委宣传部长等职。1947年参加创办《挺进报》，同年被派往川东发动武装起义，创建了川东游击纵队，任纵队政委。1948年1月17日，在四川奉节与国民党政府军作战时牺牲。

③蒋王八：指蒋介石。

④平、京、穗：指北平（北京）、南京、广州。

⑤云儿：指江竹筠、彭咏梧的儿子彭云，1946年生。

⑥来友：指江竹筠同室难友曾紫霞。

⑦八月廿七日：指1949年8月27日，江竹筠此信写于渣滓洞监狱，是托一位争取过来的看守带出来的。

赏析

在中国人的心目中，江姐的名字几乎是家喻户晓。她的真实姓名叫江竹筠。当这位巾帼英雄、中国共产党的优秀党员被国民党反动派关入重庆渣滓洞看守所时，她经受了难以想象的酷刑，然而始终坚贞不屈，被难友们誉为"中华儿女的革命典型"。最后在解放全中国的隆隆炮声中，她献出了年轻的生命。这封给亲戚谭竹安的信，写于1949年8月27日，距离她牺牲时仅三个月时间，可以说是一封遗书，那正是黎明前最黑暗的时刻。但在这封信中，你看到的是一位身陷囹圄却对革命必然胜利充满无限信心的革命志士的光辉形象。江姐虽在狱中受尽酷刑，视死如归，但她热爱生命，在狱中仍坚持学习，希望能够出狱，更好地为党工作。然而，她也做好了随时牺牲的准备。正因此，她希望自己的孩子不要娇生惯养，能继承她的遗志，为共产主义事业奋斗到底。

在我们面前展开的是崭新的一页,烈士的鲜血也已化为灿烂的红梅,盛开在祖国的大地。当我们高歌一曲《红梅赞》的时候,请不要忘记江竹筠烈士临终的遗言:"踏着父母之足迹,以建设新中国为志,为共产主义事业奋斗到底!"

毛岸英

毛岸英(1922—1950),原籍湖南湘潭,生于长沙。毛泽东、杨开慧之子。早年因母亲杨开慧牺牲,与弟弟一起辗转各地。1937年初,被党组织送往苏联学习。1943年加入联共(布)党员,曾积极参加反法西斯战争。1946年回到祖国,并转入中国共产党,后多年在基层工作。1950年10月参加中国人民志愿军,任中国人民志愿军总部的俄语翻译兼机要秘书。同年11月25日,在朝鲜平安北道遭敌机轰炸牺牲,时年28岁。

> 我本人是一部伟大机器的一个极普通平凡的小螺丝钉,同时也没有"权力",没有"本钱",更没有"志向",来做这些扶助亲戚高升的事。

给向三立同志的信

三立①同志:

来信收到。你们已参加革命工作,非常高兴。你们离开三福旅馆的前一日,我曾打电话与你们,都不在家,次日再打电话时,旅馆职员说你们已经搬走了。后接到林亭同志一信,没有提到你们的"下落"。本想复他并询问你们在何处,却把他的地址连同信一齐丢了(误烧了)。你们若知道他的详细地址望告。

来信中提到舅父②"希望在长沙有厅长方面位置"一事,我非常替他惭愧。新的时代,这种一步登高的"做官"思想已是极端落后了,而尤以通过我父亲即能"上任",更是要不得的想法。新中国之所以不同于旧中国,共产党之所以不同于国民党,毛泽东之所以不同于蒋介石,毛泽东的子女妻舅之所以不同于蒋介石的子女妻舅,除了其他更基本的原因以外,正在于此:皇亲贵戚仗势发财,少数人统治多数人的时代已经一去不复返了。靠自己的劳动和才能吃饭的时代已经来临了。在这一点上,中国人民已经获得了根本的胜利。而对于这一层舅父恐怕还没有觉悟。望他慢慢觉悟,否则很难在新中国工作下去。翻身是广大群众的翻身,而不是几个特殊人物的翻身。生活问题要整个解决,而不可个别解决。大众的利益应该首先顾及,放在第一位。个人主义是不成的。我准备写封信将这些情形坦白告诉舅父他们。

反动派常骂共产党没有人情,不讲人情,如果他们所指的是这种帮助亲戚朋友、同乡同事做官发财的人情的话,那么我们共产党正是没有这种"人情",不讲这种"人情"。共产党有的是另一种人情,那便是对人民的无限热爱,对劳动大众的无限热爱,其中也包括自己的父母子女亲戚在内。当然,对于自己的近亲,对于自己的父、母、子、女、妻、舅、兄、弟、姨、叔是有一层特别感情的,一种与血统,家族有关的人的深厚感情的。这种特别感情,共产党不仅不否认,而且加以巩固并努力于倡导它走向正确的与人民利益相符合的有利于人民的途径。但如果这种特别感情超出了私人范围并与

人民利益相抵触时,共产党是坚决站在后者方面的,即"大义灭亲"亦在所不惜。

我爱我的外祖母,我对她有深厚的描写不出的感情,但她也许现在在骂我"不孝",骂我不照顾杨家,不照顾向家,我得忍受这种骂,我决不能也决不愿违背原则做事,我本人是一部伟大机器的一个极普通平凡的小螺丝钉,同时也没有"权力",没有"本钱",更没有"志向",来做这些扶助亲戚高升的事。至于父亲,他是这种做法最坚决的反对者,因为这种做法是与共产主义思想、毛泽东思想水火不相容的,是与人民大众的利益水火不相容的,是极不公平,极不合理的。

无产阶级的集体主义——群众观点与资产阶级的个人主义——个人观点之间的矛盾正是我们与舅父他们意见分歧的本质所在。这两种思想即在我们脑子里也还在尖锐斗争着,只不过前者占了优势罢了。而在舅父的脑子里,在许多其他类似舅父的人的脑子里,则还是后者占着绝对优势,或者全部占据,虽然他本人的本质可能不一定是坏的。

关于抚恤烈士家属问题③,据悉你的信已收到了。事情已经转组织部办理。但你要有精神准备:一下子很快是办不了的。干部少事情多,湖南又才解放,恐怕会拖一下。请你记住我父亲某次对亲戚说的话:"生活问题要整个解决,不可个别解决。"这里所指的生活问题,主要是指经济困难问题,而所谓整个解决,主要是指工业革命、土地改革,统一的烈士家属抚恤办法等,意思是说应与广大的贫苦大众一样地来统一解决生活困难问题,在一定时候应与千百万贫苦大众一样地来容忍一个时期,等待一个时期,不要指望一下子把生活搞好,比别人好。当然,饿死是不致于的。

你父亲写来的要求抚恤的信也收到了,因为此事经你信已处理,故不另复,请转告你父亲一下并代我问候他。

你现在可能已开始工作了罢!望从头干起,从小干起,不要一下子就想负个什么责任。先要向别人学习,不讨厌做小事,做技术性的事,我过去不懂这个道理,曾经碰过许多钉子,现在稍许懂事了——即是说不仅懂得应该为人民好好服务,而且开始稍许懂得应该怎样好好为人民服务,应该以怎样的态度为人民服务了。

为人民服务说起来很好听,很容易;做起来却实在不容易,特别对于我们这批有小资产阶级个人英雄主义的,没有受过斗争考验的知识分子是这样的。

信口开河,信已写得这么长,不再写了。有不周之处望谅。

祝你健康

岸英上

10月24日

注释

①三立:向三立,毛岸英的表舅,杨开慧烈士的表弟。

②舅父:指毛岸英母亲杨开慧的哥哥杨开智。

③指毛岸英的表舅向钧烈士的抚恤问题。向钧(1906—1928),又名俊奇,1928年1月被国民党反动派杀害。毛泽东同志在1950年4月19日致杨开慧舅父向明卿的信中说:"令侄向钧同志是共产党员,是个忠实的能干的同志,1927年国民党叛变被捕,光荣殉难。以上这些,先生可以报告湖南省委,惟抚恤一事,须统一行之,不能只照顾少数,如省委未能即办,先生宜予以体谅。"

赏析

毛岸英是毛泽东与杨开慧的长子,杨开慧的舅舅名向理卿,向三立即向理卿的儿子。中华人民共和国刚刚成立之时,向三立来京参加革命工作,并给毛岸英去信,毛岸英随即写了这封回信。

向三立给毛岸英的信中曾提到舅舅杨开智想依靠毛泽东的亲戚关系,在长沙谋一个厅长的职位。毛岸英的回信也主要是围绕这一个问题来展开论述的。杨开智是毛岸英尊敬的长辈。杨开慧牺牲后,毛岸英兄弟即由外祖母向振熙和杨开智夫妇抚养,也是他们冒着风险,将岸英兄弟送往上海党组织的。所以毛岸英对有养育之恩的外祖母和杨家,正如信中所说,有深厚的描写不出的感情。对这样一个特殊人物的错误思想提出批评,不仅需要有极大的勇气,而且还必须掌握批评的艺术性,不仅在措辞语气上注意分寸,更主要是以理服人。应该说,此信在这方面是做得比较圆满的。此信以深入浅出、层层递进的方式进行说理议论,同时又寓说理于情感之中,使其不仅在论理方面层次十分清楚,而且在严肃中又不乏浓郁的人情味。

在当前整顿党的作风、加强党的建设和反腐败斗争之中,这封信更有其深刻的教育意义。